U0543950

点文保导览手册

陕 编著

迹洛陽

陕西新华出版
陕西人民出版社

图书在版编目（CIP）数据

寻迹洛阳：洛阳重点文保导览手册 / 华古团队编著 .
-- 西安：陕西人民出版社，2024.3
ISBN 978-7-224-15261-6

Ⅰ.①寻… Ⅱ.①华… Ⅲ.①名胜古迹 —介绍—洛阳
Ⅳ.① K928.706.13

中国国家版本馆 CIP 数据核字（2024）第 020856 号

出 品 人：赵小峰
策划编辑：许晓光　白艳妮
责任编辑：许晓光　白艳妮
整体设计：赵文君

寻迹洛阳：洛阳重点文保导览手册

XUNJI LUOYANG LUOYANG ZHONGDIAN WENBAO DAOLAN SHOUCE

编　　著	华古团队
出版发行	陕西人民出版社
	（西安市北大街 147 号　邮编：710003）
印　　刷	陕西龙山海天艺术印务有限公司
开　　本	850 毫米 ×1168 毫米　1/32
印　　张	20.875
字　　数	300 千字
版　　次	2024 年 3 月第 1 版
印　　次	2024 年 3 月第 1 次印刷
书　　号	ISBN 978-7-224-15261-6
定　　价	188.00 元

如有印装质量问题，请与本社联系调换。电话：029-87205094

众创华夏文物古迹影像志
——"寻迹华夏"丛书总序

　　华夏大地，山川壮丽，物产丰隆，我们的先辈在这片土地上创造了悠久灿烂的古代文明，也留下了浩如烟海的文化遗产，形成了炎黄子孙的文化根脉。代表这些文化的遗迹现大多被文物部门在原址保护起来，其中重要的被列入文物保护单位，简称"文保"（下皆简称）。

　　20 世纪 80 年代以来，伴随着我国经济飞速发展，人民物质生活水平不断提高，对精神文化的需求也愈加强烈。除了各种形式的文化旅游飞速发展外，一些地区也出现了很多或由政府引导或民间自发组建的文保志愿者团体。这些团体配合政府文物保护部门，对文物进行细致巡查和面向公众开展各种文化行走、宣传活动。这些活动不仅增强了公众对文物的了解，还提高了公众对文物保护的参与度。

　　我们组建的华古团队及前身——主题南京团队就是一个文物爱好者和文物保护宣传团队。从 2014 年开始，我们不仅不间断细致走访南京的各级文物，还编撰了宣传和保护六朝陵墓石刻的书籍《六朝遗韵：沿着朱偰先生的足迹》。我们的行为得到了文物部门的认可和各级媒体的宣传，2020 年央视纪录片《城·墙》还把我们团队的故事编入。

　　在走访过程中，我们发现很多文保位置较偏远，走访难度大。为了方便其他文保爱好者，我们以政府部门公布的文保列表为基础依据，同时将几年间对南京文物的走访资料加以汇集，建立了文保数据库，并自筹资金研发推出了"金陵文化遗产"网站和手机 App。

　　网站和 App 上线后，得到了南京众多文保爱好者的支持和肯定，同时也吸引了我们"朋友圈"中各地同好的目光。在全国各地古迹爱好者的支持下，2019 年我们将其升级到全国范围，并更名为"华夏古迹图"文物古迹大数据平台（简称"华古平台"），同时推出全新的网站、App、微信小程序及平台和地区管理端软件。

　　随着各地文保爱好者的加入，华古平台的数据不断完善。截至 2023 年 11 月，平台共完善了全国 367 个地市（含省管县）的数据，共计收录 86102 个文保及其包含的 95972 个文保点，其中包含了平台用户辅助发现的 44699 个文保点。另外，平台收录用户添加的足迹 334183 个，上传的照片 1271512 张。我们的用户群也不断扩大，还吸引了很多文博相关专业的学生和研究从业者加入管理团队。

　　在此基础上，大家希望能将平台的成果通过众创的方式形成书籍，加以沉淀。

通过书籍辅助平台的方式对文物进行更深入的宣传，让公众更全面了解文物的方方面面。

介绍各地美景风光的书籍，市面上已经有很多，或深入或浅出的文字版文物类书籍也不少，但是内容系统全面地聚焦文物，又兼具美观和实用的文物导览工具类书籍还很缺乏。在未来的数年内，我们计划以"寻迹华夏"作为丛书名，以"华古团队"为丛书作者，联合全国各地文物爱好者，以一个城市或一类文物为中心，系统分类整理相应文物，规划线路，配以或难得一见或精彩绝伦的照片，出版一系列精品书籍，为读者打造独有的文物盛宴。

2021 至 2023 年我们相继出版了"寻迹华夏"之古都系列的《寻迹南京》《寻迹北京》《寻迹西安》三本书。这三本书分别以南京、北京、西安的国家级重点文物保护单位为纲，串联出周边省（直辖市）级、市县级文物保护单位近千处，让读者可以比较全面地了解南京、北京和西安的不可移动文物。

三本书出版后，我们继续和陕西人民出版社合作，编写和出版"寻迹四大古都"系列的《寻迹洛阳》。与此同时，我们已经和陕西人民出版社就帝王陵专题、古建筑专题、名城系列、区域古迹系列书籍的编写和出版也开展了前期准备工作，更多的"寻迹华夏"系列丛书将陆续启动。

另外，我们也将持续不断地完善"华夏古迹图"文物古迹大数据平台，也希望各地的爱好者共同参与到平台的完善工作中来。平台与书籍相辅相成，共绘"华夏古迹图"，共同守护华夏文物。

最后，我们希望"寻迹华夏"系列丛书可以成为这个时代华夏大地文化遗产的一部影像志，可以成为宣传身边文化遗产的系列文化读本。希望通过我们的书籍和平台，让大家更方便地关注身边的文物古迹，让华夏灿烂文化遗产成为我们民族复兴道路上强大的精神力量！

让我们一起"按图索迹，守望古今"！

华古平台创始人、"寻迹华夏"系列丛书总策划　邵世海

2023 年 11 月

序一

洛阳是中国的十三朝古都，也是举世闻名的东方文化圣城。这里位于"天下之中"，北倚太行，南望伏牛，西据崤函，东扼虎牢，地势平坦，群山环抱，伊、洛、瀍、涧，横贯其间，气候温和，四季分明，即所谓"河山拱戴，形胜甲于天下"者也。

《史记·封禅书》载："昔三代之居，皆在河洛之间。"我国历史上的夏、商、西周、东周、东汉、曹魏、西晋、北魏、隋、唐、后梁、后唐、后晋等十三个朝代，先后在洛阳建都长达 1500 多年。这里便成为中国历史上建都年代最早、朝代最多和时间最长的历史古都。优越的自然环境和十三朝古都的文化积淀，既是洛阳成为"天下名都"的重要因素，也是这里蕴藏无数文物瑰宝的有利条件。而洛阳市境内的全国和省、市级重点文物保护单位，具有历史长久、时代连贯、内涵丰富、种类齐全的鲜明特征。它们既是河洛文化最重要的载体，也是中华文明深邃蕴含的具体象征。

河南渑池任村、伊川穆店、栾川孙家洞以及洛阳北窑等地考古发现的旧石器文化遗址，说明早在数十多万年前，我们的祖先就生活在伊洛流域这块肥美的大地上。从上山文化、裴李岗文化到洛阳王湾、伊川土门、宜阳苏羊、洛宁西王村等演变而来的仰韶文化庙底沟类型和王湾三期所体现的文化蕴含，尽数彰显着华夏先民沿"多元一体"走向河洛地区的漫长足迹。从而在这里造就了华夏文明的摇篮。因此，二里头遗址所代表的夏代文明，便率先迈入中国"大一统"王朝的门槛。

洛阳从夏代算起，有 4000 多年的建城史。夏都斟鄩、商都西亳、西周成周城、东周王城、汉魏洛阳城、隋唐洛阳城等六大都城的宏伟气魄和城内外的无数珍宝，记录着华夏文明的兴衰更替。邙山上下埋葬无数帝王将相、文人墨客，巍峨高耸的墓冢和神道石刻，诉说着河洛大地的沧桑巨变。

孟津龙马负图寺、洛宁洛出书处、洛阳周公庙、老城祖师庙、孔子入周问礼碑、关林、新安洞真观、嵩县两程故里和河南府文庙的深邃蕴含，则是《河图》《洛书》《周易》哲学、周公礼乐制度、道家观念、儒家思想和程朱理学的具体象征。释源白马寺、灵山寺、齐云塔、龙门石窟、水泉石窟和万佛山石窟，正是印度佛教艺术与中国传统文化相结合的典型文化遗存。而这些思想观念，乃是塑造东方文明的理论基础。这就是古代洛阳被称为"神都"和东方文化圣城的根本原因。

新安函谷关、孟津班超墓以及隋唐含嘉仓、回洛仓遗址、洛阳山陕会馆、潞泽会馆等文化遗存，都是"丝绸之路"东方起点和隋唐大运河中枢以及万里茶道的有力见证。新安千唐志斋则是唐代石刻文献的宝库。洛阳西工兵营、八路军洛阳办事处旧址、洛阳涧西苏式建筑群等文化遗迹，乃是中国近代及中华人民共和国建国初期风云变幻和社会发展的产物。

《寻迹洛阳》一书，以洛阳市境内的全国及省、市级重点文物保护单位为选题。全书题材厚重，内容丰富，文字简练，图片精美，便于阅读参考。读者可"按图索迹"，依照书中的"寻访线路规划"，去领略中华文明色彩斑斓的珍贵文化遗产，从而提升我们的文化自信心，为中华民族的伟大复兴做出贡献。

综上所述，该书图文并茂，不仅是全面介绍洛阳市重点文物保护单位的普及读本，也是帮助广大游客和读者参观了解相关珍贵文物的绝佳手册。

是为序！

中国先秦史学会顾问、洛阳河洛文化研究会名誉会长　蔡运章

2024 年 2 月 13 日

序二

　　洛阳位于欧亚大陆东部，居于北纬 35° 带之上。在这一纬度带上，诞生了世界四大文明。而其中，以河洛文明为核心的中原文化带是欧亚大陆东方中华文明发展演变的中心地带。以嵩洛为代表的河洛文化是黄河文化的重要组成部分，孕育了璀璨的、绵延不断的华夏文明。

　　洛阳居天下之中，"河山拱戴，形势甲于天下"。洛阳盆地西连崤山，东傍嵩岳，南亘熊耳，背依邙山，伊洛二河蜿蜒流淌，水陆交通便利，地势险要。大而言之，北至幽燕，南逾江淮，西对关陇，东抵黄河下游平原，"四方入贡道里均"，位置居中，便于控御四方。适中的地理位置、险要的地形、优越的自然条件，使洛阳盆地在中华文明发展演进的过程中长期居于主体地位，这里有 5000 多年文明史、4000 多年城市史、1500 多年建都史，是华夏文明的重要发源地之一，先后有 13 个王朝在此建都，是中国建都最早、历时最长、朝代最多的城市。洛阳还是丝绸之路的东方起点，隋唐大运河的中心，道学发源于此，儒学兴盛于此，佛学首传于此，北宋史学家司马光诗曰"欲知天下兴废事，请君只看洛阳城"，是对洛阳盆地最佳的历史注脚。

　　在历史发展的长河中，洛阳盆地留下了诸多重要的史迹和珍贵的文化遗产。从仰韶早期的大型环壕聚落，到"建中立极"、气势恢宏的汉唐宫殿，特别是沿洛阳分布的五大都城遗址，形成了世界都城史上仅有的"五都荟洛"的壮阔历史场景。洛阳有全国重点文物保护单位 51 处 54 项，省级文物保护单位 146 处，市级文物保护单位 263 处，共计 460 处。另外还有大量重要的文物古迹需要申报认定，数量众多的古遗址、古墓葬、古建筑、石窟寺、石刻、壁画等重要的文化遗迹遍布洛阳盆地，形成了深厚文化底蕴的大遗址和文化遗产聚集区。

　　面对丰富的珍贵文化遗产，如何保护好、传承好，是一项重要的工作任务和历史责任。洛阳文化遗产保护工作从新中国成立伊始的城市规划就已经开始，洛阳的历次城市总体规划都注重大遗址的整体保护和传承，并渐渐形成了遗址保护工作的"洛阳模式"。特别是随着国家大遗址保护和国家考古遗址公园建设的开展，洛阳全面启动了重要遗址的保护展示工作，形成了保护历史文化遗产和传承历史文化的良好社会氛围，呈现出了古今辉映、诗和远方的新时代洛阳新场景。

　　吃土君是我的学弟，由他主编的《寻迹洛阳》即将付梓，嘱我写序推介一下。

作为一名在洛阳从事第一线考古工作20多年的考古人，我深感宣扬传承历史文化、保护文化遗产本就是我所肩负的责任，于是欣然应允为之写几句话。《寻迹洛阳》是一部以介绍洛阳全国重点文物保护单位为主的洛阳地区历史文化遗迹的图文并茂的图书，文字精练严谨，知识性和科学性并重，特别是书中包括了大量图片，这些图片几乎都是编写者亲自拍摄的遗迹最新面貌高清照片，可见编撰团队用心之深。我感到这部著作是由编写团队怀着对文化的敬畏之心而编撰的，不由让人心生敬佩之情。

　　寥寥数言，以祝贺本书的出版，也祝愿编著者在未来的研究与探索中取得更大的成就。

中国社会科学院考古研究所洛阳工作站站长、洛阳唐城队工作队队长　石自社
2024 年 3 月 16 日于洛阳

前 言

　　现在您面前的这部著作是《寻迹洛阳：洛阳重点文保导览手册》。这是一本记录洛阳地区各级文物保护单位，特别是全国重点文物保护单位相关情况的寻访指南。

　　"若问古今兴废事，请君只看洛阳城。"拥有着5000多年文明史、4000多年城市史、1500多年建都史的洛阳，是中国建都年代最早、建都时间最长、建都朝代最多的城市之一，"丝绸之路"与大运河在此交汇，长期以来在华夏文明中持续居于中心地位，是当之无愧的"天下之中"。

　　厚重的历史为洛阳留下了深厚的文化底蕴。"古人无复洛城东，今人还对落花风"，为了赓续河洛文脉、保存华夏记忆、记录与宣传洛阳的丰富历史文化遗产，华夏古迹图文保爱好者团队（简称"华古团队"）组织《寻迹洛阳》编写组，共同编写了本书。

　　本书是华古团队策划的"寻迹华夏"之"寻迹四大古都"系列书籍的最后一部，大体结构与先前出版的三本（《寻迹南京》《寻迹北京》《寻迹西安》）相同，即按照文物保护单位的分类进行章节的划分，并附有寻访路线建议。全书分为六章，分别是古遗址（大运河被公布为第七批国保时属于古建筑分类，但洛阳的"大运河"子项回洛仓遗址是古代粮仓遗址，且是隋代洛阳城外围设施的重要组成部分，故而此处归入古遗址叙述。含嘉仓遗址是隋唐洛阳城遗址的组成部分，但其是世界文化遗产"中国大运河"的遗产点，且其与大运河关系密切，结合洛阳市文物局有关文件表述，因而与回洛仓并列）、古墓葬、古建筑、石窟寺及石刻、近现代重要史迹及代表性建筑、寻访线路规划。

　　在前五章的开篇部分，我们都对洛阳地区这一类型的文物保护单位进行了综述。在综述中，我们对其进行了系统梳理，包括数量统计与时间分布分析等，按照时间顺序加以简要介绍，并阐述其在当代的文化意涵。在前五章中，每个章节的文物保护单位都按照时间顺序进行排列。同一历史时期的文物保护单位，综合重要性、知名度、可看性等因素进行排列，并在相应位置添加了知识链接板块。这一板块旨在向读者介绍与文保单位相关的背景知识，从而方便大家在使用本书进行寻访时了解更多相关情况，进而更好地把握历史遗存的价值，更加全面地认识洛阳。增加这一板块也不失为一种公众考古的尝试。

　　此外，鉴于洛阳有众多具有升级潜力的亟须保护的低等级文物遗存，读者对某一专题抱有特别兴趣的实际需求，本书在寻访线路之后以附录的形式特别添加了十个寻访专题。我们对这十个寻访专题均进行了概括，列出了相关文保单位，方便大家的寻访、阅读与使用。

本书的精华与亮点主要有四：一是文字简练，图文紧密结合，兼顾实用性与知识性。二是图片精美，细节与整体并重。本书选用的图片，是从上万张图片中严格筛选出的，包括航拍图、全景图、细节图、出土文物和相关文物图、老照片等，相信这些图片不仅能够更好地帮助您了解相关文保单位的情况，还能帮助您更好地认识这些文保单位的历史变迁。对于其中的一些碑刻类文物，我们选择了拓本进行对照，以期方便您的阅读。此外，对于一些大遗址，我们绘制了平面示意图，旨在更加清晰地展现文保布局与重要细节分布。三是知识链接众多，简洁丰富。这些知识链接能够帮助您相对深入地了解与文保单位相关的背景知识，从而更加立体地了解文保背后的历史社会背景。四是添加专题寻访路线，在传统寻访路线基础上，增加了以相互联系的文保点为核心的寻访建议，希望能够帮助您更好地感受寻访同类文保单位时的乐趣，从而辅助您的寻访之旅。

我们希望《寻迹洛阳》不仅仅是一本实用的寻访手册，更能成为一本能够使您对洛阳地区历史文化有所了解的著作。我们尽量保证叙述的客观与公正，对一些记载进行了取舍，以期达到更好的效果。相关的参考资料，您可以在参考文献部分查阅。需要注意的是，由于本书的编写与后续工作时间较长，而书中部分内容具有时效性，因此，请您在出行之前务必再次确认，以免带来不便。

本书特别推荐搭配"华夏古迹图"App 使用。在 App 上有关于各个文保单位的详细介绍与准确定位，通过使用这一 App，相信您能在较短时间内对洛阳文物保护单位的情况有所掌握。

"河洛多尘事，江山半旧游。"愿《寻迹洛阳》能够成为您探索洛阳千年往事的助手，为您的洛阳之旅带来帮助。如果能带给您一个更加全面、更加立体、更加多元的印象洛阳，那就再好不过了。

目　录

洛阳是华夏文明的重要发祥地、丝绸之路的东方起点之一、隋唐大运河的中心，也是中国历史上建都年代最早、建都时间最长、建都朝代最多的城市之一，向来处于华夏文明中心区域，拥有极其丰富的古遗址资源。截至2022年6月，洛阳有市级及以上古遗址类文物保护单位169处，其中，国家级18处，省级46处，市级105处。按时代划分，古遗址可分为旧石器时代、新石器时代、夏商周、秦汉魏晋南北朝、隋至清五个时期。

旧石器时代古遗址共8处。栾川旧石器遗址群见证了古人类的发展历程，其中，孙家洞遗址（国八）是直立人栾川种的发现地；北窑遗址（国七）时间跨度近20万年，为研究旧石器文化的发展交流提供了重要资料。

新石器时代古遗址共72处。王湾遗址（国六）是王湾三期文化的发现地、命名地和典型遗址，它的发现为研究新石器时代文化谱系提供了宝贵材料。土门遗址（国七）、桥北村遗址（国七）遗存众多，苏羊遗址（国八）、西王村遗址（国七）分别是仰韶文化中晚期、龙山文化晚期的区域中心聚落遗址，意义重大。新石器时代的聚落有许多在后世继续被沿用。

夏商周时期古遗址共21处。这一时期，广域王权国家在洛阳地区诞生和发展，留下三座国保级国家首都遗址。二里头遗址（国三）被誉为"华夏第一王都"，是夏文化探索的重中之重；尸乡沟商城遗址（国三）是商代第一都城，极有可能是成汤所居之"西亳"。东周王城（国七）揭开了东周的序幕；洛邑祭祀遗址（省七）等可能是西周时期成周的遗存。此外，以滑国故城（国六）为代表的一批遗址是首都周围的列国都城或卫星聚落遗址。这一时期留下的城市和聚落常常被后世沿用，如宜阳韩都故城（国七）、刘国故城（国七）等。

秦汉魏晋南北朝是洛阳历史上又一个兴盛期，古遗址共11处。汉魏故城（国一）是中国历史上最重要的都城之一，其形制布局的影响持续至今，北魏圜丘遗址（市保）是其配套礼制建筑的遗址。新庄烧窑遗址（省七）可能是为东汉帝陵烧造砖瓦的官窑遗址。新安函谷关（国七）是洛阳的西大门，也是"丝绸之路"上的重要关隘。

隋至清时期，古遗址共21处。隋唐洛阳城（国三）是隋唐至北宋时期的都城遗址，规模宏大，金元洛阳故城（省七）在其基础上改建而来，福昌城遗址（省八）、兴泰宫遗址（市保）与之直接相关。宋陵采石场（国七）是宋代陵寝修筑的实物遗存，意义深远。众多省保窑址也显示着手工业的发达。

古遗址

孙家洞遗址（国八）

时光册万载，历史一叶秋。

孙家洞遗址鸟瞰（邵世海／摄）

地　　址	栾川县栾川乡湾滩村哼呼崖的断崖上
开放时间	无
收费情况	无
路线推荐	参考线路33（P642）

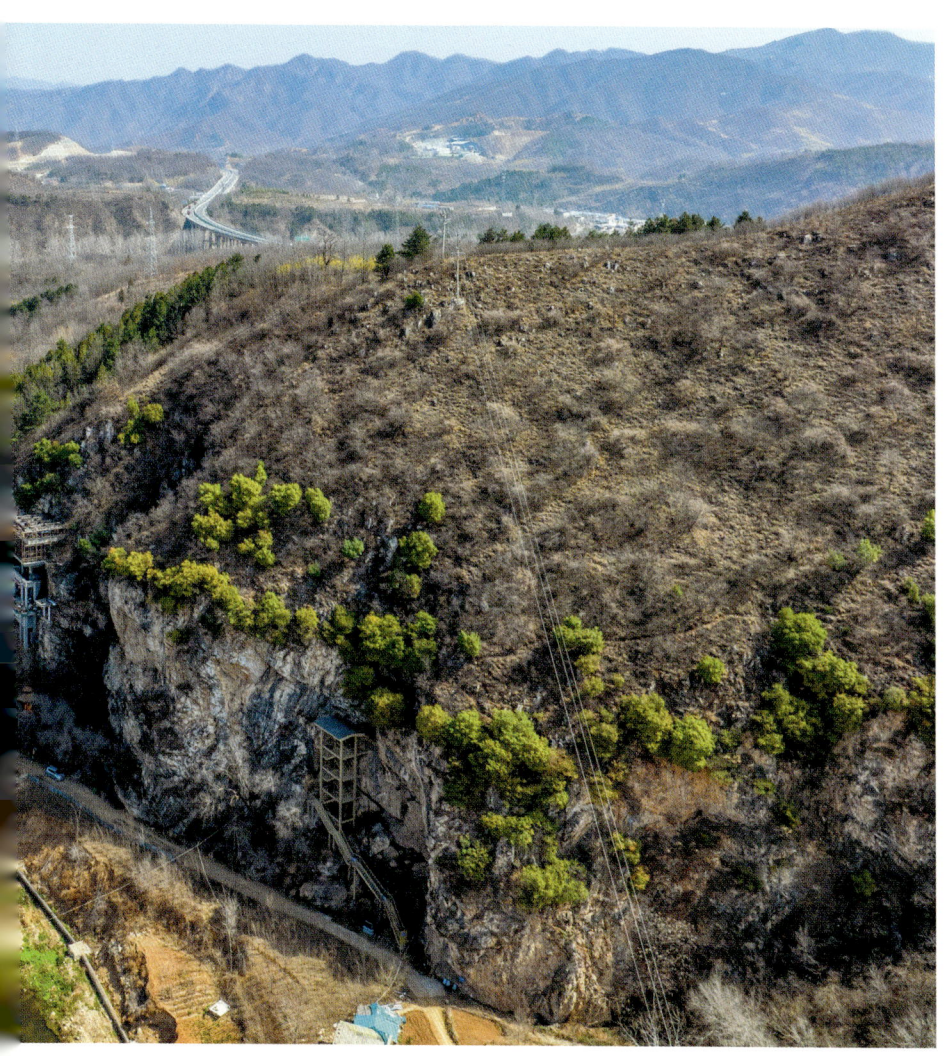

　　孙家洞遗址是我国旧石器时代考古发掘中极为少见的集古人类化石、动物化石和石制品于一体的洞穴遗址，地质年代属于中更新世时期。该遗址显示了该区域旧石器时代早期的文化面貌，对于研究过渡区域动物群面貌、动物地理区系演化、古环境变迁和南北方古人类文化的交流有重要价值。这里出土的中更新世时期古人类化石对于直立人演化和现代人起源的研究有着重要价值，也为研究古人类的个体发育及系统演化问题提供了化石依据，意义十分重大。

孙家洞遗址外观（邵世海／摄）

孙家洞遗址洞口（邵世海／摄）

石核（吃土君 / 摄）

大熊猫牙化石（吃土君 / 摄）

动物骨骼化石（吃土君 / 摄）

经发掘，孙家洞遗址发现有古人类化石、石制品、大量的动物化石和动物粪便化石等。其中，古人类化石共六枚，包括上颌残块（附带第一臼齿）、下颌残块（附带第一臼齿）和四枚牙齿，具有一定的原始性。这是河南省境内首次发现有明确地层的中更新世时期直立人牙齿化石，这种古人类被命名为"栾川人"。

遗址的动物化石种类十分丰富，有众多中国中更新世时期常见的代表性种类，同时，还有一些华南更新世常见种类，反映了南北气候地理过渡区的森林生态环境。

遗址出土的石制品原料以脉石英为主，有少量石英砂岩和岩浆岩。打片技术以锤击法为主，显示了我国旧石器时代早期比较粗犷、原始的一些特点。

七里坪遗址（国七）

荒凉无归人，时时见废墟。

七里坪遗址鸟瞰（邵世海／摄）

地　　址	栾川县栾川乡君山东路东岭植物园
开放时间	全天
收费情况	免费
路线推荐	参考线路33（P642）

　　七里坪遗址为旧石器时代遗址，是国内涵盖长江流域、黄河流域旧石器特点最明显的遗址之一，对于研究南北方史前文化的交流及豫西地区旧石器时代文化的分布具有极高的学术价值。目前，遗址被建设成为遗址公园，相关考古材料和研究成果有待进一步披露。

　　该遗址地质时代为中更新世晚期（约13万年前），出土和采集的遗物主要有石料、石核、砍砸器、刮削器、尖状器。所见的石器类型较少，制作方法较为简单，石器形制具有较明显的南方大型石器和北方小型石片石器特征。

北窑遗址（国七）

步出城东门，野乌吟废墟。

北窑遗址全景（顾军／摄）

地　　址	瀍河回族区瀍河回族乡上窑社区西北
开放时间	全天
收费情况	免费
路线推荐	参考线路 9（P594）

　　北窑遗址是一处罕见的露天型旧石器时代古遗址，年代为距今20万年左右至一万年左右，时间跨度较大，包含旧石器时代早、中、晚三期。其发现不仅填补了洛阳地区旧石器遗址考古发现的空白，还为研究洛阳地区更新世中、晚期的石器特征与环境变迁，旧石器文化交流提供了重要资料。

北窑遗址局部（孙鹏飞／摄）

刮削器（吃土君／摄）

　　北窑遗址发现大量打制石器，并有少量动物化石及人类用火遗迹，有学者据此推断这处遗址可能是临时加工石器的场所。遗址出土的石制品主要由石英岩砾石制成，类型包括石核、石片、断块和断片。出土的石器层次清晰，具有明显的连续性。打制技术主要为锤击法，其次为砸击法。多数石核为多台面石核，少数为单台面石核；石片的自然台面较多，形状以长形为主。从加工方法看，相当多的石器是向破裂面来加工，主要器形为刮削器、尖状器和砍砸器。

出土石器（吃土君／摄）

知识链接

什么是台面？什么是旧石器与新石器？什么是旧石器时代、中石器时代、新石器时代？

实际上，打制石器是一种剥片活动，就是在石料上"做减法"。台面，指的是石器在剥片时受打击的平面。台面有几种基本类型：石料上原有的较平的平面（自然台面）；通过打击得到的平面（打击台面）；将打击台面进一步修理得到的平面（修理台面）。

旧石器，指在旧石器时代使用打制方法制作的简单石器。这一概念与新石器相对。新石器则是在将石料琢磨成胚体后再将其磨光的石器。这种石器通常比较精致，新石器时代由此命名。

旧石器时代，指以使用打制石器为标志的人类发展阶段。它的年代范围在距今约300万年至距今1万年左右，与新石器时代前后相续。

在我国个别地区，如西藏、青海等，在距今1万年前后，还存在中石器时代。中石器时代，又叫细石器时代，是旧石器时代向新石器时代的过渡阶段。这一阶段多使用细石器，也有局部磨光的石器。

新石器时代，指的是以使用磨制石器为标志的人类发展阶段。它的年代范围在距今约1万年至距今四五千年左右。在这一时期，农业、陶器等的出现，带领人类进入了快速发展的轨道。我们熟知的裴李岗文化、兴隆洼文化、仰韶文化、马家窑文化、大汶口文化、河姆渡文化、良渚文化等，都属于这一阶段。

苏羊遗址（国八）

重来访遗迹，落日唯牛羊。

苏羊遗址鸟瞰（刘雷／摄）

地　　址	宜阳县张坞镇苏羊村
开放时间	全天
收费情况	免费
路线推荐	参考线路29（P634）

  苏羊遗址是以仰韶文化中晚期和龙山文化遗存为主体的环壕聚落遗址。这处遗址应为一处区域中心聚落遗址,它的发现和发掘在建立河洛地区新石器时代晚期考古学文化序列、探讨中原地区文明化进程、讨论多元文化交流融合等方面具有重要的学术价值。

苏羊遗址文保碑 （吃土君/摄）

遗迹细节（吃土君/摄）

苏羊遗址包括仰韶文化、庙底沟二期文化、王湾三期文化三个时期的遗存。遗址总面积约63万平方米，分为苏羊区、下村区和留召区三个部分。各区的东西两面均有沟壑围绕，下村区和留召区附近还建有人工壕沟。三个区域组合成一个大型的中心聚落。主要遗迹有房址、环壕、灰坑、墓地、灶等。房址可分为半地穴式和地面式建筑两种，发现有保存较好的居住面。

近年来，通过考古工作，苏羊遗址取得了重要发现，包括经过规划的仰韶早期多人二次埋葬坑、经过专门规划的房址群，以及年代推断为龙山文化早期的、排列有一定分布规律的大型墓葬区等，意义重大。

遗址出土了大量文物，以陶器为主，还有一部分石器、骨器、蚌器。陶器主要有泥质彩陶、泥质灰陶、泥质黑陶、夹砂灰陶等，器型有罐、钵、盆、瓶、鼎、斝、杯等；石器有斧、铲、盘状器等；骨器有骨笄、骨锥、骨针等。诸多文物中，以兽首石雕最为重要。该石雕可能是权力和身份的象征，意义重大。

值得注意的是，苏羊遗址的遗存中包含大溪、屈家岭、红山、大汶口等文化因素，这为研究文化交流、中原地区文明化进程和中华文明多元一体格局的形成与发展提供了宝贵资料。

彩绘钵形鼎（吃土君／摄）

玉璜（吃土君／摄）

知识链接

什么是考古学文化?

考古学文化是指存在于一定的时间和空间的一组具有特征的实物遗存，用以表示考古遗存中属于同一时期、有地方特征的文化共同体。一般来说，这里的"同一时期"指的是史前时期，"实物遗存"则包括以陶器为主的遗留物。

在命名考古学文化时，通常有以下几种方式。

第一，按照文化遗存最早发现地的地名进行命名。比如，以渑池仰韶村命名的仰韶文化、以昌都卡若命名的卡若文化。

第二，按照文化遗存的典型遗址进行命名。比如，二里头文化最早发现于洛达庙遗址，曾被称为洛达庙类型文化。二里头遗址发现后，经过研究，考古学家们确定这里的文化类型与洛达庙遗址相同，而二里头遗址规模更大、更具代表性，遂用二里头文化的命名取代了洛达庙类型。

第三，按照文化所属的族群、国别、朝代进行命名。比如，夏文化、商文化、晋文化等。这种命名相对来讲比较笼统，年代、地域可能都比较宽泛。

桥北村遗址（国七）

嗟兹异代后，遗迹已茫然。

桥北村遗址鸟瞰（刘雷 / 摄）

地　　址	嵩县陆浑镇桥北村
开放时间	全天
收费情况	免费
路线推荐	参考线路 32（P640）

　　桥北村遗址是仰韶文化庙底沟类型及庙底沟二期文化遗址，对研究仰韶文化的发展和仰韶文化向龙山文化的过渡具有重要价值。遗址发现于20世纪50年代。龙驹河自西向东流过，将遗址分为南、北两部分。遗址东部有断崖，南部紧邻陆浑水库，有灰坑、红烧土层、墓葬等遗迹。

　　采集到的陶器遗存以细泥红陶、粗红陶和白衣彩陶为主，还有少量夹砂粗陶，可辨器型主要有小口尖底瓶、钵、罐、鼎、碗、灶等，纹饰有绳纹、弦纹、附加堆纹等，存在彩绘。石器有钻孔石刀、石镰、石凿、石纺轮、石斧、砍砸器等。

西王村遗址（国七）

俨遗迹以在目兮，纷百忧而攻心。

西王村遗址鸟瞰（刘雷／摄）

地　　址	洛宁县赵村镇西王村南约 200 米的洛河南岸二级台地上
开放时间	全天
收费情况	免费
路线推荐	参考线路 30（P636）

　　西王村遗址，是仰韶文化和龙山文化的古遗址，是目前豫西地区已知的面积最大的龙山文化晚期遗址，可能是洛河中上游仰韶文化至龙山文化的重要中心。该遗址为研究洛河流域仰韶、龙山文化分布和发展提供了可靠的实物资料，对于研究区域内早期文明化进程具有重要意义。

　　西王村遗址发现于20世纪50年代，近年开始发掘。整个遗址大致呈长方形，南高北低，发现有石器、陶器等遗物，其中，陶器有泥质灰陶、泥质红陶、夹砂红陶，纹饰主要有素面、刻画纹、绳纹等，器型有钵、尖底瓶、罐。遗址内有夯土迹象。

土门遗址（国七）

荒城无人路，秋草飞寒萤。

土门遗址鸟瞰（刘雷／摄）

地　　址	伊川县白元镇土门村
开放时间	全天
收费情况	免费
路线推荐	参考线路 25（P626）

　　土门遗址，包括仰韶文化和河南龙山文化遗存，可能是仰韶文化中晚期伊河中下游区域的中心聚落遗址，对于河洛地区乃至黄河流域的新石器文化研究具有重要价值。

　　通过考古发掘，在土门遗址发现有红烧土块铺垫的房基、灰坑、墓葬等遗存，出土了陶器、石器、骨器等材质的文物，其中的典型器物有缸、釜形鼎、釜、盆等。

土门遗址文保碑（刘雷／摄）

土门遗址是泥质红陶缸的首次发现地。这种缸以"伊川缸"之名闻名于世。从目前的出土情况来看，伊川缸应是作为葬具使用的，是附近地区仰韶文化的代表性器物。

知识链接

伊川缸

伊川缸是豫中地区仰韶文化时期的一种红陶瓮棺葬具。因为在河南伊川发现较早且数量较多，故名。

目前，以伊川缸为代表的区域性文化被称为仰韶文化阎村类型。之所以叫作阎村类型，是因为1981年在河南临汝阎村出土的鹳鱼石斧图伊川缸极具代表性。有观点认为，该伊川缸上的"鹳鱼石斧图"是我国目前所见年代最早的绘画作品。

伊川缸（王腾／摄）

伊川缸（王腾／摄）

王湾遗址（国六）

黍离行迈应相似，倍感诗家咏叹情。

王湾遗址国保碑（孙鹏飞 / 摄）

　　王湾遗址，文化遗存可分为三期。第一期是仰韶文化早中期；第二期是仰韶文化晚期或由仰韶文化向河南龙山文化过渡期；第三期是河南龙山文化的一种地方类型，也就是著名的王湾三期文化。此外，也有少量周代和北朝时期的遗存。

　　遗址面积约 2 万平方米，主要遗迹有房屋遗迹、灰坑、墓葬等，出土了大量陶器、石器、骨器等生产生活用具。在王湾遗址，首次发现了在仰韶文化中用石块铺砌的墙基和挖槽等现象，为研究当时人类居住房屋的建筑结构、防潮措施等方面提供了重要实物资料。

地　　址	涧西区工农街道王湾村
开放时间	全天
收费情况	免费
路线推荐	参考线路 3（P582）

彩陶钵（吃土君／摄）

彩陶盆（王腾／摄）

镂孔陶器座（刘雷／摄）

◎ 镂孔陶器座　高 33.5 厘米，肩径 41.8 厘米，内径 23 厘米，足径 35.4 厘米，1960 年出土于王湾遗址，是快轮制成的泥质灰陶器，属于王湾三期文化时期。它口沿内折，在肩部下方有两个对穿的圆孔。腰部相对较细，有环纹束腰，上、下均有镂空装饰，并有阴刻的圆点宽带纹，古朴美观。器身运用磨光、镂雕、分割、线刻等多种加工手法，十分精致，是王湾三期文化陶器中的精品。陶器座在诸多方面与后世的青铜礼器有相似之处，不能排除其属于礼器的可能性。现藏于中国国家博物馆。

红陶钵（王腾／摄）

彩陶深腹罐（王腾／摄）

黑陶曲腹杯（王腾／摄）

石铲（吃土君 / 摄）

知识链接

王湾三期文化

　　王湾三期文化，是一种以王湾遗址第三期遗存为代表的、距今约 4600 年—3900 年的黄河中下游地区新石器时代考古学文化，在河南龙山文化王湾类型基础上命名而来。20 世纪 80 年代，严文明先生最早使用王湾三期文化来替代王湾类型，这种用法为学界所接受。一般认为，王湾三期文化主要分布在东起郑州、西至渑池、北抵济源、南达驻马店的河南中部地区，典型遗址有洛阳王湾、西干沟、东干沟、矬李、登封王城岗、汝州煤山等。这种文化直接来源于庙底沟二期文化阶段的遗存，发展去向是二里头文化。

　　王湾三期文化的陶器以大量使用灰色（特别是深灰色）为主要特征，主要为泥质灰陶和夹砂灰陶两种，也有少量泥质或夹砂红陶和泥质黑陶。纹饰有绳纹、篮纹、方格纹、附加堆纹、弦纹等，常见器型有罐形鼎、矮足鼎、斝、鬶、甗、深腹罐、盆、钵、碗、豆等。生产工具以磨制石器和骨器最多，也有少量其他材质的工具。

二里头遗址（国三）

明明我祖，万邦之君。有典有则，贻厥子孙。

二里头遗址鸟瞰（月漫青游／摄）

地　　址	偃师区翟镇镇二里头村
开放时间	二里头考古遗址公园及二里头夏都遗址博物馆开放时间为周二至周日 9:00—17:00，其余为全天
收费情况	免费
路线推荐	参考线路 17（P610）

二里头遗址是二里头文化的典型和中心遗址，中华文明探源工程首批重点六大都邑之一，也是当时东亚乃至全球最大的城市遗址，拥有迄今所知中国较早的宫城、最早的城市干道网、最早的宫殿建筑群、最早的青铜礼器群和最早的官营作坊区。这里规模宏大、布局严整，是目前所能确认的中国最早的广域王权国家都城遗址，也是讨论夏商分界的关键性遗址。目前，学界多认为该遗址为夏代中晚期都城所在地。已建成二里头考古遗址公园，对公众开放。

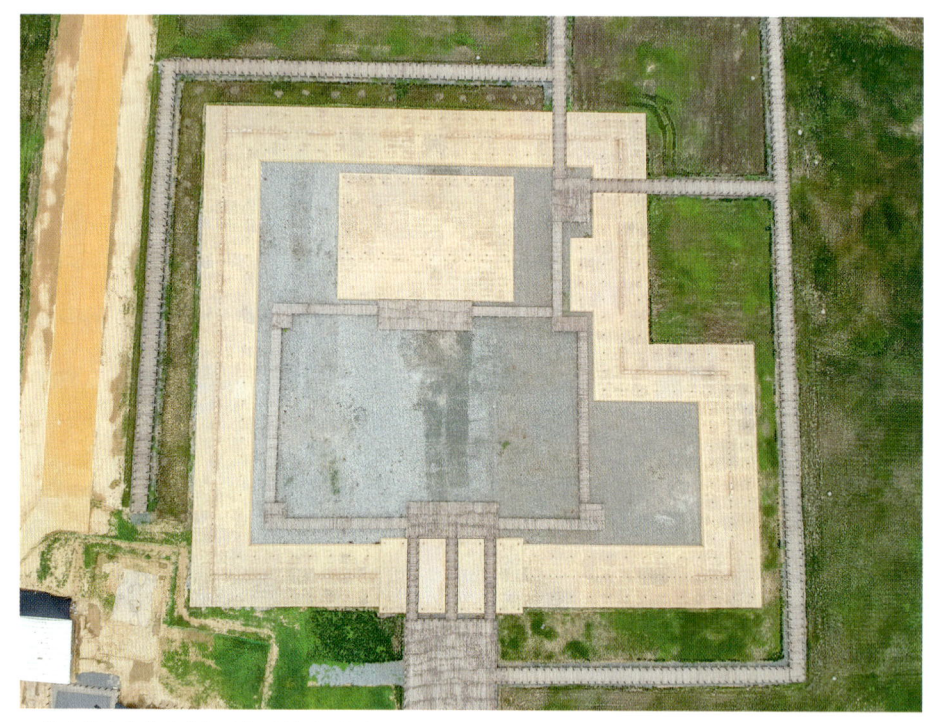

一号宫殿建筑基址俯视（贺兰鹈鹕／摄）

  二里头遗址的中部发现有 30 多座夯土建筑基址，是迄今为止发现的中国较早的宫殿建筑基址群。其中，以一号宫殿建筑基址最为典型，基址平面略呈正方形，面积达 1 万多平方米。根据出土的遗迹现象，可以将一号宫殿建筑基址的主殿复原成一个"四阿重屋"式的殿堂，殿前有数百平方米的广庭，基址四周有回廊。大门位于南墙的中部，其间有三条通道。其建筑格局被后世所沿用，开创了中国古代宫殿建筑的先河。

  近年来，二里头遗址新发现了更多道路及两侧墙垣，并发现了面积近两万平方米的大型铸铜作坊和漆器、骨角器、陶器加工作坊等遗存。考古发掘表明，二里头遗址"井"字形多网格道路划分的祭祀区以西区域内，有二里头时期的贵族住房、高规格墓葬等。

一号宫殿建筑基址局部（贺兰鹈鹕／摄）

二号宫殿建筑基址局部（贺兰鹈鹕／摄）

二号宫殿建筑基址俯视（月漫青游／摄）

知识链接

二里头文化的分期与类型

二里头文化目前被分为四期。从陶器特征上看，第一期陶器以褐陶为主，磨光黑陶占有一定比例，纹饰以篮纹为主，另有少量的方格纹、细绳纹。第二期陶器中黑陶的数量减少，以细绳纹为主，篮纹和方格纹明显减少。这两期的器形多折沿、鼓腹、小平底。第三、四期的陶器颜色普遍变为浅灰，纹饰以绳纹为主，出现粗绳纹，篮纹和方格纹几乎绝迹。在第三期遗存中，第一、二期常见的鼎、深腹盆、甑等继续沿用，但有局部的变化，同时新出现了鬲、卷沿圜底盆、大口尊、小口高领瓮等与商代二里岗期遗物十分接近的器物。

二里头文化可以分为二里头类型、东下冯类型、牛角岗类型、杨庄类型、下王岗类型、东龙山类型。也有学者认为东下冯类型是一支独立的考古学文化，应称为"东下冯文化"。

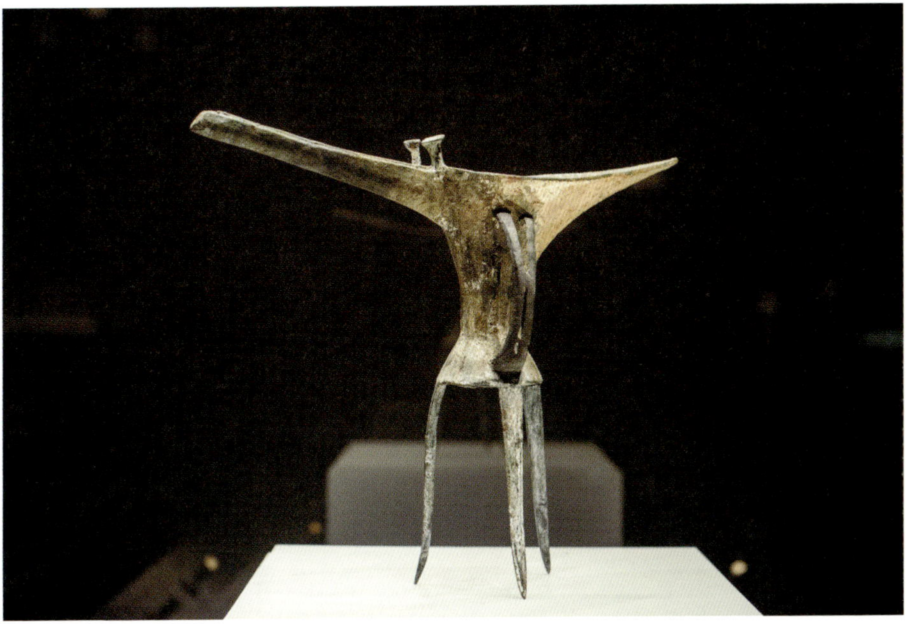

乳钉纹青铜爵（邵世海／摄）

◎ 乳钉纹青铜爵　二里头文化青
铜容器。1975 年出土于二里头遗址。
高 26.5 厘米，总长 31.5 厘米，束腰平
底，三锥足细长，槽状长流，流折处有
钉形短柱，腹部凸线列乳钉纹。修长舒
展，极具美感，是我国目前发现的时代
最早的青铜容器之一，被誉为"华夏第
一爵"。现藏于二里头夏都遗址博物馆。

带翼铜铃（吃土君／摄）

镶嵌绿松石兽面纹铜牌饰（中国考古博物馆藏）（刘雷／摄）

镶嵌绿松石铜牌饰（吃土君／摄）

◎ 镶嵌绿松石兽面纹铜牌饰　二里头文化青铜器的代表之一。1984年出土于二里头遗址一高等级贵族墓葬。长16.5厘米，宽8—11厘米。器身主体框架为青铜材质，其上以数百片绿松石拼合镶嵌出兽面纹，镶嵌水平之高令人赞叹。在多地均有类似铜牌饰的发现。现藏于二里头夏都遗址博物馆。

绿松石龙形器（刘雷／摄）

　　◎ 绿松石龙形器　二里头文化绿松石制品。2002年出土于二里头遗址宫殿区贵族墓中，由2000多枚绿松石片组合而成，呈现出龙的形态。龙身长64.5厘米，龙头略呈浅浮雕状，鼻、眼则充填以白玉和绿松石。由绿松石片组成的菱形主纹象征鳞纹，连续分布于全身。距龙形器尾端不远处，还有一个绿松石条形饰，与龙体的角度近乎垂直。据研究，整件龙形器应当是贴嵌于有机物上，出土时有机物已经朽烂无存。原物现藏于中国考古博物馆。

二里头文化一级墓葬（骆虞幡／摄）

七孔玉刀（驺虞幡/摄）

七孔玉刀细节（吃土君/摄）

◎ **七孔玉刀** 二里头文化礼器。1975 年出土于二里头遗址。长 60.4—65 厘米，宽 9.5 厘米。刀形扁平，呈宽长梯形，两面皆以交叉的直线阴纹组成网状和几何图形，刀背处有等距且排成一条直线的七个圆孔。这是迄今为止二里头遗址出土的最大的一件玉器，是禁止出国（境）展览文物。现藏于二里头夏都遗址博物馆。

◎ **网格纹铜鼎** 二里头文化礼器。1987 年出土于二里头遗址。通高 20 厘米，口径 15.3 厘米，底径 10 厘米。该鼎敛口，折沿尖唇，整体呈耳足四点配列式（一足对耳），造型和纹饰风格与河南龙山文化晚期的陶鼎形制一脉相承。这是迄今为止我国考古发现年代最早的青铜鼎，被誉为"华夏第一鼎"。现藏于二里头夏都遗址博物馆。

网格纹铜鼎（吃土君／摄）

铜斝（吃土君／摄）

玉璋（吃土君／摄）

陶鼓形壶（吃土君／摄）

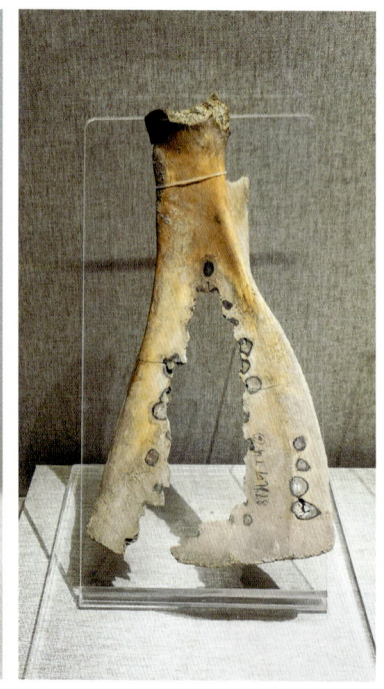

卜骨（顾军／摄）

刻符陶片（吃土君／摄）

陶龟（吃土君／摄）

铜戈（吃土君／摄）

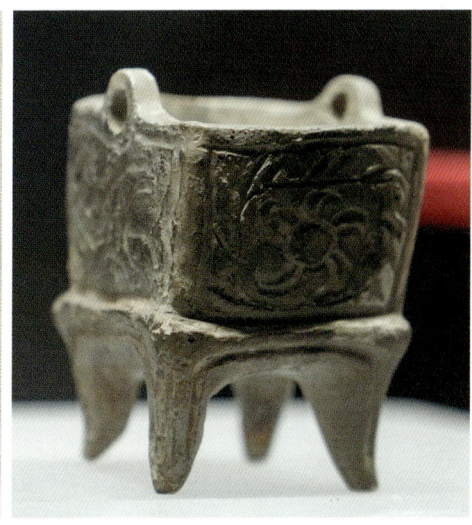

陶方鼎（吃土君／摄）

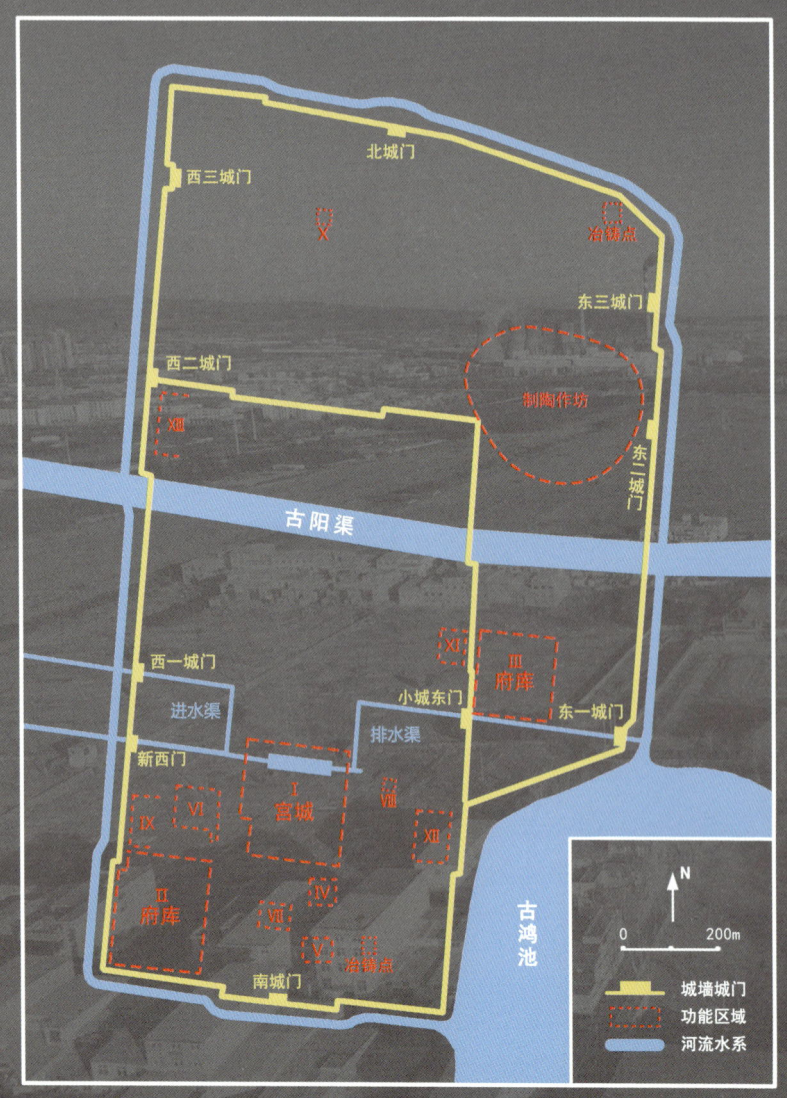

北城门

西三城门

Ⅴ
Ⅹ

冶铸点

东三城门

西二城门

XⅢ

制陶作坊

Ⅰ

东二城门

古阳渠

西一城门

XⅠ

Ⅲ
府库

进水渠

小城东门

东一城门

新西门

排水渠

Ⅰ
宫城

Ⅷ

Ⅵ
Ⅸ

Ⅳ

XⅡ

Ⅱ
府库

Ⅶ

Ⅴ

南城门

冶铸点

古鸿池

N

0   200m

城墙城门
功能区域
河流水系

● 尸乡沟商城遗址平面布局示意图

尸乡沟商城遗址（国三）二

昔有成汤，自彼氐羌，莫敢不来享，莫敢不来王。

尸乡沟商城遗址 多称"偃师商城遗址"。位于偃师区城区西南部，北靠邙山、南临洛河，是目前已知商代都城遗址中年代最早的一座，很可能是商代早期成汤所居都城"西亳"的所在地。古代文献对于成汤所居之"西亳"的位置多有记载，偃师商城的发现能够与之印证。偃师商城的始建时间约为前 1600 年，早于郑州商城，其出现标志着夏商更替已经完成。经过多年研究，偃师商城建立起完整的文化分期体系，是夏商分界的可靠界标。

遗址规模庞大，平面略呈长方形，南北长 1700 余米，东西宽 740—1215 米，总面积约 190 万平方米，由大城、小城、宫城三重城垣组成。

大城城墙外有环绕的护城壕，城墙上有多座城门，有由多个部分构成的完备的给排水体系，并有完备的水资源利用系统和水利设施，是迄今发现的商代最早最完备的城市水系。小城中有府库、困仓等遗迹。

尸乡沟商城遗址全景（鸿慈永祜 / 摄）

地　　址	偃师区城区西南
开放时间	全天，遗址公园正在建设
收费情况	免费
路线推荐	参考线路 19（P614）

宫城区鸟瞰（鸿慈永祜／摄）

　　城址南部以宫城为主体，分布有成片的大型夯土基址，平面近似方形，面积超过 4.5 万平方米，四周有夯土围墙，南墙上有门署设施。内部自北向南可分为池苑区、祭祀区、宫室建筑群区，其中宫室建筑分为西东两排，分别为三重院落和两重院落。此外，城内还有城门、道路、仓储区、手工业作坊、墓葬等遗迹，并出土了大量石器、陶器、铜器、玉器、骨器等遗物。

宫城区池苑遗址（冯帅康／摄）

宫城区池苑遗址（冯帅康／摄）

宫城区池苑遗址（冯帅康／摄）

饕餮纹铜尊（李琼／摄）

饕餮纹铜尊花纹特写（吃土君／摄）

◎ 饕餮纹铜尊　高25.5厘米，是偃师商城遗址目前出土的唯一一件青铜尊。该铜尊鼓腹、圈足，圈足上有粗"十"字形镂孔，折肩。颈部有弦纹，肩部有云雷纹和连珠纹，腹部饰有饕餮纹。胎壁轻薄、镂空粗大，是一件典型的早商时期青铜器。

卜骨（吃土君 / 摄）

骨镞（吃土君 / 摄）

石镰（吃土君 / 摄）

陶双系壶（吃土君 / 摄）　　　　　　　　陶鬶（吃土君 / 摄）

知识链接

"西亳说"与"郑亳说"

　　"西亳说"与"郑亳说"是关于商代早期都城"亳"的位置的两个学说。历史文献记载，成汤灭夏后定都于"亳"。至于"亳"的地望，古往今来众说纷纭。20世纪50年代，郑州商城、偃师二里头遗址先后发现，之后学界一般认为二里头遗址为商汤所居之"西亳"，郑州商城为仲丁所迁之"隞都"，夏商分界在二里头文化的某两期之间。至20世纪70年代末，邹衡先生提出郑州商城为西亳、二里头文化一至四期是夏文化、二里岗文化是早商文化的观点，"郑亳说"正式形成。之后，方酉生、杨育彬、郑光等先生先后发文反驳，邹衡先生再发文回应，双方开始论战。1983年，偃师商城发现后，"西亳说"学者产生分化，一部分转而主张偃师商城才是成汤亳都，从而认同二里头文化至少一部分是夏文化。而邹衡先生认为偃师商城是伊尹放逐太甲的"桐宫"。之后，学术界对于"亳"的问题持续讨论，至今未休。目前，关于偃师商城的性质，主要有以下几个观点：西亳说、陪都说、"桐宫"说、军事重镇说。关于郑州商城的性质，一般认为其为隞都或亳。

刘国故城（国七）

孤城遗迹森在目，平湖无波春草绿。

刘国故城城址鸟瞰（邵世海／摄）

地　　址	偃师区缑氏镇陶家村
开放时间	全天
收费情况	免费
路线推荐	参考线路 17（P610）

　　刘国故城，是春秋时期刘国的都城所在，后沿用至汉代。这座都城为研究刘国历史和春秋时期诸侯国都城布局、建筑风格等提供了珍贵的实物资料，具有重要的研究价值。

刘国故城城址东南角城壕俯视（邵世海／摄）

东南角城壕断崖（邵世海 / 摄）

城址充分利用天然地形优势，位于一个三面临涧、地势高耸的半岛之上，平面呈不规则形。由于东、西、北三面有深约 20 米的涧沟，因此，以崖代墙，未建城墙，仅在南面有夯筑的城墙，并有护城壕。这种利用天然障碍建造都城的做法与《周礼》中记载的"因山川为国都之法"相符合。在城中发现有房基、道路等遗迹，城址周围还发现了东周墓群和车马坑。遗物方面，发现有大量东周至汉代的建筑材料、陶制生活用器残片等。

刘国是春秋时期的姬姓诸侯国，周定王八年（前 599）建国，开国君主为周顷王的小儿子刘康公，他也是著名的"国之大事，在祀与戎"的提出者。刘国国君是王室卿士，地位较为显赫。但刘国国力弱小，史籍记载较少。周敬王十八年（前 502）之后，刘国便不见于史料记载。根据《国语》的记载推测，刘国的灭亡时间可能在周贞定王时期。

滑国故城（国六）

野径通荒苑，高槐映远衢。

滑国故城城址鸟瞰（邵世海／摄）

地　　址	偃师区府店镇滑城河村附近台地上
开放时间	全天
收费情况	免费
路线推荐	参考线路 18（P612）

　　滑国故城，是春秋时期滑国的都城所在地，是一座文献记载清楚、历史脉络清晰、保存情况较好的春秋时期小国都城遗址，具有较高的研究价值。

滑国故城城址俯视（邵世海／摄）

　　城址整体依地形地势而建，南北长、东西窄，城垣呈弧形，平面接近长方形。目前，地面上尚能见到城垣遗存。城址及附近的遗物非常丰富，仰韶文化、龙山文化、商代、东周、汉代、唐代的遗物均能见到，其中，以东周和汉代的遗物最为普遍。

　　滑国故城所在地本为夏代费国的封邑。滑国是周代的姬姓诸侯国，最早建都于滑（今河南睢县西北），后徙都于费国故地，因此，滑国又称"费滑"。周襄王二十五年（前627），秦穆公趁晋国新丧，发兵意欲进攻郑国。秦军路遇郑国商人弦高，发生了著名的"弦高犒师"事件。秦军认为郑国已有所防备，只得班师回朝，途中灭了滑国（《左传·僖公三十三年》）。秦灭滑后，在崤山与晋军爆发战斗，大败而归，是为"崤之战"。战后，滑国故城归晋所有，三家分晋后，此地由韩国控制。

古滑城寨门（邵世海／摄）

古城墙上的遗迹现状（邵世海／摄）

清道光十七年古滑城匾额（邵世海／摄）

宜阳韩都故城（国七）

宜阳城下草萋萋，涧水东流复向西。

宜阳韩都故城遗址鸟瞰（邵世海／摄）

地　　址	宜阳县韩城镇
开放时间	全天
收费情况	免费
路线推荐	参考线路 28（P632）

　　宜阳韩都故城，又称"宜阳故城"，是东周列国都城遗址中保存较完整的一座，对于战国及后世的城市布局、交通、军事防御等方面都有重要的研究价值。

东北角城墙鸟瞰（邵世海／摄）

    宜阳韩都故城在"三家分晋"时由韩国建造，韩武子时期（前424—前408）是韩国的都城所在地。前308年，秦国攻陷该城，"斩首六万"。西汉时，该城是宜阳县县治所在地，北齐、北周时废。经考古调查和试掘得知，城址之内尚有龙山文化、二里头文化、二里岗文化堆积。

    城址西北高、东南低，平面略呈长方形，总面积310万平方米，分为小城和大城两个部分。

    小城位于城址西北部的高地上，北部向外突出，南部地势平坦，有门与大城相连。在小城内，发现了建筑基址和数十座战国时期的墓葬，其中，一座战国中期土圹墓出土了七件列鼎。小城西北角有俗称"韩王台"的夯土台留存，可能为军事防御设施。过去观点认为小城为宫城，目前来看，小城更有可能是公共墓地。

    大城位于城址东南部，城墙夯筑，东、北城墙在地面上仍有遗存。城墙外侧发现有护城壕、马面、敌楼建筑等遗迹。城内发现了道路、烧窑等遗迹。在城北约一公里处，有四座战国时期墓冢和一些土圹墓，其中的一号墓可能是韩武子墓。城址内及附近出土的遗物主要有建筑材料、生活用具、兵器、货币等。

东北角城墙夯土层（邵世海 / 摄）

东北角城墙俯视（邵世海 / 摄）

洛阳东周王城（国七）

周虽旧邦，其命维新。

洛阳东周王城遗址鸟瞰（王腾／摄）

地　　址	涧西区、西工区、瀍河回族区
开放时间	王城公园为 7:00—19:00，周王城天子驾六博物馆为 8:30—18:30，其余为全天
收费情况	周王城天子驾六博物馆收费，其余免费
路线推荐	参考线路 1（P580）

　　洛阳东周王城是东周时期最重要的都城遗址之一，是东周国都的所在地，为研究周代政治、经济、文化提供了珍贵的实物资料。

城墙遗址（吃土君／摄）

公元前 770 年，周平王为避犬戎东迁至此。遗址西有涧河、南有洛河，涧河穿过城址西部。城址平面呈不规则长方形，四面城墙除东南角外基本可以彼此连接，总面积约 14 平方千米。主要发现有城垣、宫殿基址、手工业作坊、粮仓、墓葬等遗迹。

城垣为长方形，始建于春秋初年，沿用至秦汉之际仍有修补。宫殿区位于城址偏南或中部，发现了大型成组夯土基址、墙基、散水、供水设施、池苑、暗渠、陶窑等遗迹。城中发现陶窑遗址多处，自战国早期沿用至东汉；陶窑遗址东南发现骨器加工场遗址，向南为石料场遗址。城内中心偏西发现有冶铁作坊遗址。在南城墙附近发现了大面积的战国粮仓遗址，粮仓分布比较密集，可能是秦灭西周国后修建。

墓葬主要分布在城中部、东北隅、涧河西岸等地。东周王城遗址内发掘的东周墓葬超过 6000 座，其中，20 世纪 50 年代对中州路西工段 260 座东周墓葬的发掘研究，为后来全国东周墓葬的分期断代提供了重要标尺。

周王葬地共三处：城内的王城陵区和城外的金村陵区、周山陵区。王城陵区曾发现大型墓葬多座，其中，一座"亚"字形大墓被认为是周平王陵墓所在。

27 中"亞"字形春秋大墓复原（吃土君／摄）

27 中"亞"字形春秋大墓出土的"王作虢妻"铜鬲
（吃土君／摄）

27 中"亞"字形春秋大墓出土的铜车軎
（吃土君／摄）

天子驾六车马坑全景（王腾／摄）

5号车（吃土君／摄）

驾二（吃土君／摄）

驾四（吃土君／摄）

　　西排二号车即为一车六马。二号车由车辕、车舆、车轴和车轮组成。车前两侧对称摆放马6匹，与文献记载的"天子驾六"制度相合。由此推断，5号车马坑应属天子规格，可能是周王陵墓的陪葬车马坑。也有观点认为该车马坑为大型祭祀遗存。

彩绘陶鼎（吃土君／摄）

玉龙形璜（吃土君／摄）

彩绘陶罐（任昱／摄）

天子驾六车马坑全景（吃土君／摄）

天子驾六车马坑 ▌

文献记载："天子驾六，诸侯与卿同驾四，大夫驾三，士驾二，庶人驾一。"对于周天子用车的规格，学界始终存在争议。

2002年，在今周王城广场及附近发现东周墓葬397座、陪葬车马坑17座。车马坑中，5号车马坑规模最大、等级最高，发现了"天子驾六"遗存，因而被称为"天子驾六车马坑"。

5号车马坑大致呈南北向，葬车26辆，马匹70匹，包括一车六马（驾六）1辆、一车四马（驾四）8辆、一车二马（驾二）17辆。车子纵向分东、西两列，车头朝南，由北向南依次放置。马骨头向南，侧身背向车辕对称摆放，整齐有序。多匹马头部有骨裂现象，因此，有学者推测这些马是被重器击打致死后埋入坑内的。此外，还有殉狗7只，殉人1具。

地 址	西工区周王城广场
开放时间	8:30~18:30
收费情况	收费
路线推荐	参考线路1（P580）

铜齿轮（吃土君／摄） 　　　　　　贴金铜车軎辖（吃土君／摄）

铜节约（吃土君／摄）

新安函谷关（国七）

树根草蔓遮古道，空谷千年长不改。

新安函谷关鸟瞰（筱溪听泉／摄）

地　　址	新安县汉关街道东关村
开放时间	9:00—17:00
收费情况	收费
路线推荐	参考线路 23（P622）

　　新安函谷关，又称"汉函谷关"，是西汉时期的关隘遗址。2014 年，作为"丝绸之路"遗产点之一被列入《世界遗产名录》。

函谷关远景（黑皎／摄）

新安函谷关始建于汉武帝元鼎三年（前114）。函谷关本在灵宝，东汉应劭记载："时楼船将军杨仆数有大功，耻为关外民，上书乞徙东关，以家财给其用度。武帝意亦好广阔，于是徙关于新安，去弘农三百里"，由此，函谷关东迁至新安。一些学者认为，东迁函谷关有更重要的原因。随着大一统帝国的建立、巩固、中央集权的不断加强和军队构成的变化，位于灵宝的函谷关军事地位下降，而京畿范围需要扩展，因而函谷关东迁。东汉时期，函谷关为"洛阳八关"之首，承担着保卫洛阳的重任。

新安函谷关目前主要有关楼、鸡鸣台、望气台、南关墙、北关墙等遗存，现存建筑是1923年由辛亥革命元老、千唐志斋的创建者、新安县铁门镇人张钫出资重修的。遗址现存一条狭长的"H"形通道，关楼横亘在通道之上，为砖石结构，分为三层，上方的"汉函谷关"匾额由康有为题写。关楼东侧，有两座汉代夯土台，当地俗称"鸡鸣台"和"望气台"。

近年来，随着考古工作的开展，与关隘遗存相对应的城墙、关城等已被发现。新安函谷关在西汉和东汉时期的防御方向不同，西汉时拱卫关中，东汉时守卫洛阳，布局也随防御方向的不同而发生改变，这些发现为相关研究留下了丰富的实物资料。

关楼（黑敇／摄）

关楼上层（顾军／摄）

带铭文条石（筱溪听泉／摄）

"关"字瓦当（吃土君／摄）

关城遗址原貌（南阳任侠生／摄）

鸡鸣台（黑皮 / 摄）

排水道遗址（筱溪听泉 / 摄）

阙台遗址（筱溪听泉／摄）

马道遗址（南阳任侠生／摄）

函谷关鸟瞰（筱溪听泉／摄）

函谷古道车辙印（筱溪听泉／摄）

函谷古道唐上元题记（筱溪听泉／摄）

邙山

谷水(千金渠)

大夏门　广莫门

阳渠

金墉城　　　　　七里涧

承明门　　　　阳渠(漕渠)

宫城

太极殿

建春门

西外郭城　　阊阖门　　　　　　　　东外郭城

白马寺　西阳门　阊阖门

洛阳　　　　雍门(汉)　永宁寺　东阳门

大市　　　　　　内城　　　　小市

长分沟　　　　　西明门　太　太　南渠

　　　　　社　庙　　　青阳门

堰洛渠水　　　　津　宣　平　开

　　　　　阳　阳　昌　阳

南外郭城　　门　门　门　门

　　　　灵台　太学

　　　　明堂　辟雍

古洛水

四通市

四夷馆

圜丘

城墙及城门

功能区域　　N

河流

道路　　0　　1km

古伊水

● 汉魏故城平面布局示意图

汉魏洛阳故城（含辟雍碑）（国一）

春风不识兴亡意，草色年年满故城。

汉魏洛阳故城旧称汉魏故城，又称汉魏洛阳城，位于洛阳东郊，始建于西周，东周、东汉、曹魏、西晋、北魏皆为都城，为都约 540 年。2014年，作为丝绸之路的遗址点之一被列入《世界遗产名录》。

汉魏洛阳城作为中国古代公元前六世纪至公元六世纪的重要都城，其都城形制和格局变化轨迹清晰，发展演变具有延续性和开创性，具有重要的承前启后作用，对后世都城宫城建设、建筑中轴线与里坊布局设计具有重要的影响，也对东亚地区古代都城营建产生了重大影响。

东汉时期，该城以"雒阳"为名，在前朝城池基础上改建而来。都城 12 门，布局遵循"多宫制""面朝后市""前朝后寝""左祖右社"等原则，城外有礼制建筑。宫室格局为南宫与北宫并立，二宫之间有复道相连。

曹魏时期，都城布局延续东汉，但宫城布局变化很大，创建了太极殿为核心的单一宫城洛阳宫，并开始修筑金墉城。此外，曹魏兴建的圜丘北对都城正门宣阳门、宫前大街铜驼街、宫城正殿太极殿，都城由此出现了建筑中轴线。这一格局在西晋时期继续沿用。

北魏时期，都城布局发生重大变化。原有城址被作为内城，其外营建了外郭城。外郭城东西、南北最大距离均达 10 千米，总面积约 80 平方千米，规模空前，居民区、寺院、商业区等均设于外郭城中。内城有城门 13 座，均设双阙。宫城在沿用旧有宫殿的基础上有所改动。宫城、内城、外郭城的三重城垣格局正式出现。

汉魏洛阳城是中古时期世界上最大的都城。它不仅是东汉、曹魏、西晋和北魏时期的政治、经济、文化、军事统治中心，也是这一时期丝绸之路东端最重要的国际性商贸大都市，同时也是客家先民首次南迁最重要、最具代表性的出发地。

宫城遗址中轴线鸟瞰（李琼／摄）

地　　址	汉魏洛阳故城国家考古遗址公园内
开放时间	9:00—17:00，需预约
收费情况	免费
路线推荐	参考线路 12（P600）

东北角城墙鸟瞰（邵世海／摄）

　　东汉时期的宫城主要为南宫和北宫，此外还有永安宫、濯龙园等宫苑。宫殿区呈现出南宫和北宫对峙的格局，南宫是皇帝及群僚朝贺议政的场所，修建于光武帝时期，与北宫之间有复道相连。北宫主要是皇帝及妃嫔寝居的场所，修建于明帝时期，叠压于后代宫城遗址下，主要建筑有德阳殿等。有观点认为，南宫在明帝之后可能被闲置，从而在事实上形成了单一宫城的格局。由于南、北宫遗址未得到全面勘探和发掘，其具体形制和范围尚不清楚。

　　魏晋时期，通过整修北宫（洛阳宫）、废弃南宫、营建太极殿等重要建筑，洛阳城形成了单一宫城格局。这改变了旧有宫城布局模式，是古代都城宫殿布局形制的一个重要变化。

　　北魏时期宫城位于内城偏北部中央位置，在前代北宫的基础上营建。宫城平面呈南北向长方形，被东西御道横向分为南北两部分。遗址范围内夯土台基密集，南半部有太极殿、太极东西两堂、显阳殿等重要殿址，北半部为宫苑区，是帝王游乐或后妃居住场所。宫城北面还有皇家禁苑华林园（曹魏正始初更名，前称芳林园）。

　　阊阖门、太极殿遗址区域现已进行原址保护。

内城西城垣遗址（吃土君 / 摄）

汉魏故城西北角（赵茜 / 摄）

铜驼街遗址鸟瞰（鸿慈永祜／摄）

铜驼街遗址道路遗存（吃土君／摄）

铜驼街遗址

　　铜驼街位于北魏宫城正门阊阖门以南、内城正门宣阳门以北，也称"阊阖南街"。始建于曹魏时期，是曹魏及之后各时期汉魏洛阳城中轴线的组成部分。

　　东汉时期已有"铜驼街"这一名称存在。曹魏明帝时，置铜驼等诸兽于阊阖南街，该街由此得名。据考古勘探，铜驼街遗址南北残长1650米、宽40—42米。在离宫城阊阖门约150米处，发现一段以红色砂岩石板铺地的路面遗迹。石板铺砌整齐，表面较为平整，有些石板可见碾压较深的南北向车辙印痕。路基铺垫结构完整，整体规格较高，不排除为北魏时期御道的可能。石板路下有河卵石铺砌的路面，其建造上限不早于汉代，可能为汉、晋时期遗存。

　　北魏时期，铜驼街两侧营建有众多重要官署、寺院等建筑。根据文献记载，西侧有右卫府、太尉府、将作曹、九级府、太社，永宁寺也在这一侧；东侧有左卫府、司徒府、国子学、宗正寺、太庙、护军府，地位非常重要。

　　铜驼街开创了我国古代都城轴线建筑的先例，是我国都城中最早的中轴线大街，也是"建中立极"思想的体现，对于之后历代都城的设计和营建具有深远影响。此外，铜驼街还是丝绸之路东西方文化与商贸交流，以及洛阳作为国际交往中心的重要见证。

阊阖门遗址俯视（宋万雍／摄）

阊阖门遗址 ▮

阊阖门位于宫城南墙中央偏西，是汉魏时期洛阳城宫城正门，也是帝王登基和接见四方朝贡者的场所。始建于曹魏初期，西晋、北魏沿用。阊阖门为一门三道结构，位于城市中轴线上，向南为全城中轴大道铜驼街，向北为最重要的宫殿——太极殿。

阊阖门遗址由双阙和城门建筑组成。双阙位于宫城南墙缺口南端，由母阙和向北、东（西）的两个子阙组成，其间相距 40 余米，东西对称，与城门建筑合围形成门前广场。双阙不突前，而是与宫墙平行，城门楼后置于宫墙，十分独特。

城门修建在一座有完整柱网的殿堂式夯土基座上，柱网面阔七间、进深四间，显然在门址上应当有巨大的城门楼建筑。这种殿堂式柱网布局不见于后世城门，显示出强烈的时代和礼仪特征。建筑包括东西两个墩台，前、后庭和三个门道。墩台上有房址，可能是上下城门楼的楼梯间。

阊阖门遗址是迄今已知最早的双阙楼式宫门遗址。它独特的殿堂式城门楼和巨大双阙，展示了其威仪重于防御的特点。阊阖门承上启下，补充了门阙制度演变实物证据的缺环，无疑具有重要的学术价值，不仅在建筑史上具有重要的历史地位，对于都城建设、思想演进等方面的研究也具有重要意义。

兽面纹砖饰（王腾／摄）

兽面纹瓦当（吃土君／摄）

阊阖门遗址构件（云在轩主人／摄）

太极殿遗址（林赵成／摄）

太极殿遗址 ▎

　　太极殿是宫城正殿，始建于曹魏，西晋沿用，后废；北魏迁洛后重建；北周再建，但未完工。太极殿遗址入选2015年度全国十大考古新发现、2015年中国六项考古新发现。

　　太极殿遗址可分为早、中、晚三期，对应魏晋、北魏、北周三个时期。平面呈长方形，是坐北朝南的大型宫院，主要由主体宫殿建筑、周围官院、廊庑和宫门等构成。居中的主殿台基体量最大，两侧的太极东堂和太极西堂台基略小，三座殿基均为东西向长方形，夯土台基都残存有地上部分和地下基础部分。

　　主殿台基主体由较为纯净的红褐色土夯筑而成，有后期补筑夯土。殿基北面居中有一外侧包砖的凸台，东、西两端各有一条踏道。殿基外侧有铺砖散水。殿基南部设南北向踏道两条，并有排列整齐的大型扰坑，可能与建筑柱网的承础石坑有关。

　　在主殿台基与太极东堂台基之间，发现有南北向的单门道门址和楼阁道的柱网遗迹。太极东堂殿基由较为纯净的红褐色土夯筑而成，外壁局部残存有白灰墙皮，南侧设有南北向踏道两条。此外，还发现有官院、道路、门址等遗存。

　　太极殿内进行国家政治活动以及元旦大朝、新皇即位、大赦改元、政治决策等重要国事活动，集中体现了"建中立极"的统治理念。其所创建的都城形制和宫室制度，如东西堂制度、"五门三朝"制度等，开创了中国古代都城制度及宫城布局的一个新时代，影响极其深远。

太极殿遗址细节（唐时星光／摄）

太极殿遗址所清理出的古砖（筱溪听泉／摄）

永宁寺遗址鸟瞰（邵世海 / 摄）

地　　址	汉魏洛阳故城国家考古遗址公园内
开放时间	9:00—17:00，需预约
收费情况	免费
路线推荐	参考线路 12（P600）

永宁寺遗址▌

  永宁寺是北魏皇家寺院，位于内城南部铜驼街以西，建于北魏熙平元年（516），俗称木塔寺，由佛塔、佛殿、僧房等组成。

  永宁寺遗址坐北朝南，整体为长方形院落，东、南、西三壁尚存各一门，西南隅有角楼。寺院内有永宁寺塔塔基和佛殿遗迹。

永宁寺塔塔基遗址（吃土君／摄）

永宁寺塔高九层，门窗彩绘饰金，高度空前绝后。木塔高度有多种记载，目前主流观点认为塔身 49 丈，另有塔刹，总高约 147 米。其于北魏永熙三年（534）被焚毁，目前留存的塔基遗迹为高大的土台，清代曾被误认为是汉质帝静陵封土遗存。

永宁寺塔建于约百米见方的夯土基础中部，基座为正方形，内芯为夯土，四壁以青石条包砌，四面皆有踏道。塔基上的方形柱础（上方原有木柱）分做五圈排列为四方形网格式，发现有彩绘残墙基、白灰硬面地面、门窗痕迹，另有弧形壁龛遗迹，应是供奉佛像的位置。木塔北面可能设有木梯。

塔下可能建有地宫，早年被毁。塔基中出土了一批精美的泥塑佛像、僧人、供养人的残件，堪称我国雕塑史上难得的精品。其中，1979 年出土的一尊泥塑佛面像残片，仅存双颊、下颌、鼻、口以及双眼的下眼角部分。虽然其残高仅有 24.5 厘米，但面部丰腴、鼻梁挺直、嘴角微微上翘，雍容华贵、气宇轩昂的神情光彩照人，是洛阳博物馆的镇馆之宝。

塔北侧有佛殿遗迹，该殿可能是一座面阔九间、进深三间的大型建筑，据称“形如太极殿”，用于供奉各种佛像。此外，还有 1000 余间僧房楼观。永宁寺建成后，禅宗初祖菩提达摩来到洛阳，看到永宁寺的胜景，“口唱南无，合掌连日”，永宁寺的豪华壮丽可见一斑。

永宁寺塔塔基包边石（顾军／摄）

永宁寺塔塔基遗址中心柱（吃土君／摄）

泥塑佛面像（吃土君／摄）

永宁寺泥塑（吃土君／摄）

影塑戴冠老人头像（吃土君／摄）　影塑梳髻头像（吃土君／摄） 　小像像首（吃土君／摄）

小像像首（吃土君 / 摄）

像首（南阳任侠生 / 摄）

影塑不蓄发头像（吃土君 / 摄）

影塑头像（吃土君／摄）

影塑坐像（王腾／摄）

小像身像（吃土君／摄）

世俗服装立像（吃土君／摄）

影塑着裲裆立像（王腾／摄）

小像佛装身像（吃土君／摄）

影塑衣纹残块（吃土君／摄）

壁画残块（吃土君／摄）

树叶残块（吃土君／摄）

忍冬纹瓦当（吃土君／摄）

石雕兽首（王腾／摄）

南郊礼制建筑遗址鸟瞰（邵世海／摄）

地　　址	洛龙区佃庄镇岳佃路
开放时间	全天
收费情况	免费
路线推荐	参考线路 13（P602）

南郊礼制建筑遗址

　　汉魏故城的南郊礼制建筑，自西向东分别为灵台、明堂、辟雍、太学。太学始建于东汉建武五年（29），明堂、辟雍、灵台始建于东汉建武中元元年（56），均为汉魏故城的重要组成部分。目前，仅灵台有地表遗存。

灵台遗址俯视（邵世海/摄）

灵台遗址

灵台是观测天象、掌握节气的场所，东汉建立，魏晋沿用，北魏改作他用。东汉著名科学家张衡正是在这里发明了地动仪和浑天仪。

灵台遗址平面呈正方形，有围墙，中心为方形夯土高台。夯土台四周各有上下两层平台，下层平台筑有回廊，北面正中有坡道上通二层平台。上层平台四方原各有五间建筑，根据方位不同涂刷不同颜色的墙粉，这种做法可能与崇拜四灵的习俗有关。

明堂遗址

明堂是皇帝配天祭祖和接受朝觐的场所，建于东汉，沿用至北魏，其间多次重建。

明堂遗址平面为正方形，有围墙，中央为一圆形夯土高台，应是主体建筑基址，形制与《水经注》记载相符。遗址中出土了大量建筑材料。

辟雍遗址

辟雍是"行礼乐，宣德化"的场所，始建于东汉，曹魏、西晋在原址重建。

辟雍遗址平面呈正方形，有围墙，中央为长方形殿基。围墙四面有门，门外有阙，建筑四周环绕南面不封闭的水沟。曾出土辟雍碑。

熹平石经残块（吃土君 / 摄）

正始石经残块（吃土君 / 摄）

熹平石经残块（王骏 / 摄）

正始石经残块（王骏 / 摄）

太学遗址

　　太学是国家最高学府，始建于东汉，后代屡有扩建，魏晋时期沿用，是"熹平石经""正始石经"的存放地。

　　太学遗址发现了两处主要遗迹，一处位于辟雍以北，发现了大量石经残块，有学者认为此处即东汉太学遗址；另一处位于前者东北方，平面为长方形，四周有围墙，被认为是沿用了东汉太学遗址主要部分的魏晋太学遗址。

辟雍碑

辟雍碑（孙鹏飞／摄）

地　　址	洛龙区佃庄镇东大郊村
开放时间	需联系文保员
收费情况	免费
路线推荐	参考线路 13（P602）

辟雍碑全称为"大晋龙兴皇帝三临辟雍皇太子又再莅之盛德隆熙之颂"碑，又名"临辟雍碑"，是中国现存最大、最完整的晋代碑刻。西晋咸宁四年（278）立。碑身于1931年在辟雍遗址出土，被迁至现址保护，1963年碑座出土于辟雍遗址，二者合一。1996年公布第四批全国重点文物保护单位时，合并于第一批全国重点文物保护单位"汉魏洛阳故城"。

辟雍碑的碑首、碑身由整块石料雕成。碑首为螭首，碑座为覆斗形。碑额隶书碑名4行23字，碑文30行，行56字，保存较好，文字无漫漶之处。碑文记录了晋武帝司马炎即位后重振太学，在四年内三次亲临辟雍巡视，考察太学生水平并行赏鼓励，以及皇太子司马衷两次亲临辟雍视察的经过。

碑文局部（黑呿／摄）

侧面（黑呿／摄）

　　碑阴分排依次刻出各种行政学官、教职人员以及学员等的职衔、籍贯、姓名，共400余人，来自西晋全国15州、70余县，其中，包括四名西域学生。这些记载，为晋代政治、教育、文化和丝绸之路交往研究提供了重要的史料，是极其珍贵的实物证据。

　　此外，该碑书法笔势遒劲、波磔郑重，是晋代八分体隶书的代表作，具有很高的艺术价值。

石人（吃土君／摄）

瓦当及瓦钉（吃土君／摄）

汉魏故城经过数十年的考古发掘，取得了许多发现，出土了大量文物。这些文物的年代跨度很大，种类繁多，有陶器、瓷器、石器、金属器、建筑构件等。此外，在东汉刑徒墓地，出土了大量刑徒砖。这些刑徒砖有着重要的历史、文化、艺术价值。

刑徒砖（吃土君／摄）

黑釉碗（吃土君／摄）

青瓷圈足碗（吃土君／摄）

龙光门
池城渠
濠水
安喜门

圆璧城
洛阳县廨
含嘉仓城

阊阖门
玄武城
北市
上东门

喜豫门
玄武门
凝碧池
宫城
东城
漕渠
谷水
九洲池
应天门
新潭

宣辉门
长乐门
明德门
承福门
洛水
运渠
分渠

上阳宫
皇城
右掖门 端门 左掖门

南市
建春门

河南府廨

西市
永通门

通济渠
厚载门
定鼎门
长夏门
伊水

伊水
通津渠

城墙及城门
N
功能区域
河流
0   1km
道路

● 隋唐洛阳城平面布局示意图

隋唐洛阳城遗址是隋唐时期东都洛阳城的遗址。隋唐洛阳城地理上"前直伊阙，后据邙山，左瀍右涧，洛水贯其中"，位置极佳；建设规模宏大，设计理念突出，其对"法天象地"理念的贯彻和对自然地理形势的运用非常出色，在中国古代都城史上具有重要地位，对后世和东亚地区其他国家的都城设计建造产生了深远影响。渤海国的龙泉上京、中京、东京，以及日本平城京（奈良）、平安京（京都）等五座都城的规划设计，都明显受到隋唐洛阳城的影响。现已建成隋唐洛阳城国家遗址公园（应天门遗址、明堂遗址、天堂遗址、九洲池遗址）和定鼎门遗址博物馆（含宁人坊遗址、明教坊遗址），遗址范围内的含嘉仓遗址、城外的回洛仓遗址为世界文化遗产"中国大运河"的遗产点，其中回洛仓是国保大运河的子项。

隋唐洛阳城始建于隋大业元年（605），隋、唐（武周）、后梁、后唐、后晋以此为都，后汉、后周、北宋以之为西京。这里曾是全国政治、经济、文化、军事、国际交往中心，是"丝绸之路"的东方起点和隋唐大运河的中心。

遗址主要由宫城、皇城、东城、含嘉仓城、郭城、上阳宫、西苑组成。宫城是皇宫所在地，位于郭城西北隅、皇城正北，东接东城和含嘉仓城。皇城位于宫城正南，北接宫城，南临洛河；东城位于宫城东侧，二者均为衙署区。含嘉仓城位于宫城以东、东城以北，内为含嘉仓。郭城其余部分被洛河划分为南、北两个区域，街道将郭城划分为方形里坊（包括市场），形成了棋盘状布局。上阳宫位于宫城西南洛水、谷水旁，北连西苑，是唐高宗、武则天时期的主要宫殿。西苑位于郭城以西，是始建于隋代的皇家园林。

宫城遗址夜景（王腾／摄）

宫城遗址

　　宫城是隋唐洛阳城的核心，隋、唐、北宋相继沿用，性质略有不同，但整体布局并无太大变化。宫城由多座小城组成，洛城（大内）居中，北侧为玄武城、曜仪城、圆璧城；东侧为东隔城、东夹城；西侧为西隔城、西夹城。东、西、北三面的小城对大内形成拱围之势。

陶鸱尾（严卫／摄）　　　　　　　　石狮（李琼／摄）

　　大内是宫城的核心部分，也是皇帝日常理政居住的区域，可分为中、东、西、北（陶光园）四区。大内中区为轴线宫殿区，是大内的核心部分。这一区域内分布有轴线建筑，隋代有则天门、永泰门、乾阳门、乾阳殿、大业门、大业殿等；唐代有应天门、乾元门、乾元殿（明堂）、烛龙门、贞观殿、徽猷殿等；北宋有五凤楼、太极门、太极殿、天兴殿、后殿等。此外，武周时期的天堂也在这一范围之内。大内西区是唐末至北宋时期宫廷主要政治活动场所，有多处唐宋时期宫殿建筑基址。大内东区遗存丰富，但大多数形制和性质不明。陶光园是宫城内的苑囿区，总体破坏严重。

　　东隔城，唐代为东宫所在；东夹城，隋唐时期为皇家仓库所在；西隔城是皇室诸王、公主居住地和皇家园林九洲池所在地；西夹城，可能是文献中的"丽景夹城"。北侧的三座小城，均为防御所用。

模印纹陶地砖（严卫／摄）

陶垂兽（严卫／摄）

兽面梯形砖（吃土君／摄）

"新"字方砖（吃土君／摄）

　　隋唐洛阳城宫城的发掘持续了多年，出土了大量文物。这些文物包括陶器、玉器、金属器、建筑构件等。出土文物中，出土于应天门东阙的唐哀帝即位玉册，残存部分可复原为六条，现藏于中国历史研究院中国考古博物馆，是目前所见唯一的唐代皇帝即位玉册。此外，还有现藏于河南博物院的杨国忠进银铤、现藏于隋唐大运河文化博物馆的隋代石狮、武周证圣元年封泥等。

应天门遗址复原保护建筑正面全景（王腾／摄）

地　　址	定鼎大道与凯旋东路交会处；定鼎大道与唐宫东路交叉口东北侧
开放时间	应天门遗址为 9:00—22:00；玄武门遗址不开放
收费情况	应天门遗址收费
路线推荐	参考线路 5（P586）

应天门遗址细节（林赵成／摄）

应天门位于宫城南侧，为宫城正门，是目前发现的中国古代礼制等级最高的都城城门遗址。隋代称则天门，唐代沿用此名。神龙元年（705）改为应天门，又改神龙门，后来又改为应天门。天祐二年（905）改称五凤楼，五代、北宋时期沿用。

应天门为一门三道过梁式建筑结构，是一组以城门楼为主体，上有两重观，城门楼两侧辅以垛楼，向外伸出双向三出阙，其间以廊庑相连的巨大建筑群，规模巨大、气势恢宏。

遗址平面呈"凹"字形，下部墩基东西长130米以上，南北宽约60米，城门进深约25米。遗址可分为早晚两期，早期残存有墩台、门道、隔墙、东西飞廊、东西垛楼、东西两阙等遗迹；晚期残存有墩台、门道、东西飞廊、东西垛楼、东西两阙及东西马道等遗迹。曾出土唐哀帝即位玉册等珍贵文物。应天门东阙遗址的发掘被评为1990年全国十大考古新发现。应天门在中国都城建设史上具有极其重要的地位，对后世和东亚都城的发展有着极其深远的影响。

玄武门，后称神武门，是宫城的正北门，宫中军事防御力量所在地，也是"神龙革命"的发生地。根据目前的发掘情况，玄武门遗址可分为唐、宋两个时期。唐代的玄武门为单门道结构，由墩台、门道、城垣、马道、砖铺道路等组成。门址北侧有建筑遗迹，南侧有内瓮城遗迹。宋代时，玄武门被改为一座面阔五间、进深四间的宫殿建筑，两侧有廊道、花圃等。

应天门遗址西阙发掘现场（孙鹏飞 / 摄）

应天门遗址西阙发掘现场（孙鹏飞 / 摄）

应天门遗址细节（林赵成／摄）

线刻飞天残石构件（严卫／摄）

唐哀帝即位玉册（刘雷／摄）

官门石兽残石（一组两件）（吃土君／摄）

莲花纹瓦当（吃土君／摄）

明堂遗址、天堂遗址保护建筑鸟瞰（李琼／摄）

地　　址	中州中路和定鼎大道交叉口东北，隋唐洛阳城国家遗址公园内
开放时间	9:00—22:00
收费情况	收费
路线推荐	参考线路 5（P586）

明堂遗址、天堂遗址▎

　　明堂和天堂是中国古代都城建设史上特殊历史时期的特殊性质建筑，在中国古代建筑史上具有极为重要的地位。明堂遗址、天堂遗址上建设了保护展示性建筑，是隋唐洛阳城国家遗址公园的一部分。

明堂遗址复原建筑（林赵成／摄）

明堂遗址复原建筑俯视（王腾／摄）

明堂遗址（林赵成／摄）

　　明堂是武周时期的宫城正殿，又称"万象神宫"，位于宫城轴线上，大内居中位置，是宫城的标志性建筑，也是武则天举行重大礼仪活动、颁布政令和春秋两季祭祀活动的重要场所，是武周王朝的统治中心。

　　明堂在隋乾阳殿、唐乾元殿的旧址上建造，垂拱四年（688），武后毁乾元殿，于其址造明堂，后遭火焚重建。开元年间，先后改称乾元殿、明堂、新殿和含元殿。根据文献记载，明堂高294尺（约88米），富丽堂皇。

　　明堂遗址现仅存基础夯土，呈八边形，夯土由内而外共有五层，每层厚度不同。基址中心为中心柱坑，残存有巨大的底部中心柱础石和八边形砖壁。

天堂遗址复原建筑（王腾／摄）

天堂遗址（林赵成／摄）

　　天堂是武则天即位以后命薛怀义主持建造的礼佛场所，宏伟异常。根据文献记载，天堂共有五层，"至三级，则俯视明堂矣"。天堂内供奉有夹纻佛像一尊，"其小指中犹容数十人"，建筑规模可见一斑。武周证圣元年（695），天堂被薛怀义纵火焚毁。

　　天堂遗址位于明堂遗址西北，仅存台基基础。台基略呈方形，中心为石砌圆形坑，其外有柱础石、夯土基础和碎石块建筑基础，共五重，呈同心圆布列，形制布局与佛教密宗的曼陀罗（坛城）形制布局相似。

天堂遗址（林赵成／摄）

天堂台基（林赵成／摄）

天堂台基包砖石（林赵成／摄）

石摩羯首（邵世海／摄）

　　出土于天堂遗址的石摩羯首，边长1.2米，宽0.53米，高0.7米，石质青灰，鼻首上卷，两目圆瞪，口有小鱼，将摩羯的形象表现得十分生动。摩羯，本是古印度神话中的护法神兽，后被佛教吸收，并随佛教教义传播。隋唐时期，摩羯常见于佛教图像上。

线刻兽面残石构件（严卫／摄）

定鼎门遗址鸟瞰（邵世海 / 摄）

地　　址	洛龙区定鼎街道办事处定鼎门遗址博物馆
开放时间	周二至周日 9:00—17:00
收费情况	免费
路线推荐	参考线路 10（P596）

定鼎门复原建筑（刘天霁/摄）

定鼎门遗址

定鼎门，隋代称"建国门"，位于隋唐洛阳城南城墙上，是郭城南垣的正门，也是隋唐洛阳城中轴线的重要组成部分。2014年，定鼎门遗址作为丝绸之路中的遗产点，被列入《世界遗产名录》。现已建成隋唐洛阳城定鼎门遗址博物馆。

定鼎门始建于隋大业元年（605），一直沿用至北宋末年，是中国历史上已知的沿用时间最长的都城城门。东西长约150米（含阙楼），南北宽21米，为一门三道结构（北宋末年改为单门道结构），坐北朝南。墩台东、西两侧有飞廊和阙台，城门整体以中央门道为轴线呈东西对称分布。这种"一字阙"的形制目前仅见于定鼎门。

定鼎门遗址的遗存主要有墩台、门道、隔墙、飞廊、阙台、马道。根据遗迹年代，可分为隋至初唐、盛唐时期、晚唐时期、五代至北宋四个时期，不同时期的平面布局各有特点。在对门前广场进行发掘时，发现了唐代车辙与骆驼蹄印，这是定鼎门作为文明交流互鉴的见证。

定鼎门北的南北向街道是定鼎门街，隋唐时被称为"天街"，隋至盛唐时期宽约120米，是隋唐洛阳城的主干道路和中轴线组成部分。天街向北直达天津桥，道路两侧是里坊区。紧邻定鼎门的明教坊、宁人坊也已完成考古发掘。

定鼎门遗址（刘天霁 / 摄）

唐代函道（筱溪听泉 / 摄）

地栿石（刘天霁 / 摄）

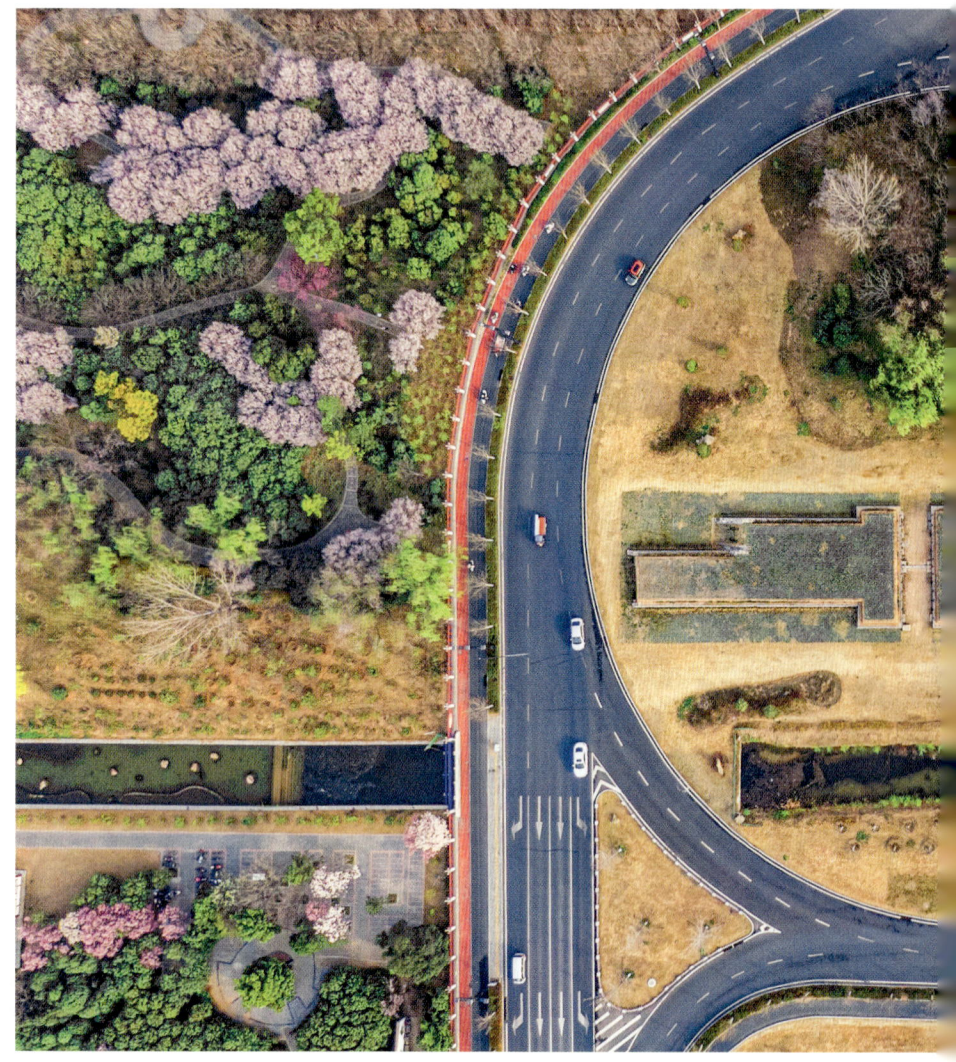

厚载门遗址鸟瞰（王腾／摄）

地　　址	洛龙区古城路与聂泰路交叉口北
开放时间	全天
收费情况	免费
路线推荐	参考线路10（P596）

厚载门遗址

　　厚载门位于隋唐洛阳城郭城南墙西部。隋称白虎门，唐初避唐太祖李虎讳，改为厚载门。门址为三门道结构，存有基石两排。现采取地面夯土模拟展示的形式进行复原展示。

长夏门遗址鸟瞰（王腾／摄）

地　　址	洛龙区古城路与长夏门街交叉口北
开放时间	全天
收费情况	免费
路线推荐	参考线路 10（P596）

长夏门遗址

　　长夏门位于隋唐洛阳城郭城南墙东部，是一座有着三门道过梁式建筑结构的城门。遗址可分为唐代前期、唐代后期和北宋三个时期，前两个时期，长夏门为三门道结构，门道形制和规模基本相同，至北宋时期改为单门道。白居易曾有"洛阳堰上新晴日，长夏门前欲暮春。遇酒即沾逢树歇，七年此地作闲人"的诗句。现采取地面夯土模拟的形式进行复原展示。

九洲池遗址夜景鸟瞰（李琼 / 摄）

地 址	西工区唐宫中路与宫隔路交叉口西
开放时间	9:00—22:00
收费情况	收费
路线推荐	参考线路 5（P586）

九洲池遗址

　　九洲池位于隋唐洛阳城西隔城中北部，是一处重要的池苑建筑，始筑于隋，唐宋时期相继沿用。九洲池因"其地屈曲象东海之九洲"而得名，居地十顷，水深丈余，池中有岛，岛上及环池皆有殿、亭、观、台之类的建筑。通过多次大规模的勘查和发掘工作，九洲池的形制布局和分布范围已经清晰，池内部分岛屿及其上建筑基址也进行了发掘。

　　瑶光殿是九洲池的一座核心建筑，由位于三个岛屿上的三座殿宇组成，呈三殿并列、相互连通的布局。根据史籍记载，焚毁了天堂的薛怀义正是在瑶光殿前被杀死的。

白居易故居出土的白釉瓷盒（吃土君／摄）

履道坊遗址

履道坊是位于隋唐洛阳城东南隅的一个里坊，以环境优美著称，坊边有伊水渠流经。隋唐时期有众多著名人物置宅于此，如乐平长公主、宇文恺等。在这一里坊安家的人物中，以白居易最为著名。

白居易宅园位于履道坊的西北部，是白居易于长庆四年（824）在杨凭履道坊旧宅的基础上修葺改造而成的。宅园坐北朝南，由宅院和园林组成，占地约 13.4 亩，1992—1993 年进行了考古发掘。

宅院位于宅园东北部，分为前后两进，有上房、回廊、厢房、中庭、门庭等，保存较差。这一保存情况可能与宅院建筑建造简陋、基址无须层层夯筑有关，这在相关诗文和出土文物中有所反映。

宅园中的园林分为南园和西园两部分。南园为主要园林，有一大池，根据白居易诗文，池中有小岛，四周有零星建筑分布。根据考古发掘的情况，在这一区域内还发现了疑似酿酒遗迹，这与白居易的兴趣爱好有了直接的对应。西园在南园之后营建，在白氏诗文中也多有着墨。

白居易宅园在后唐时期被改为寺院，金元时期逐渐湮没无闻，元末明初时可能已经彻底废弃。遗址内出土的唐代文物较为丰富，其中，以白居易造石经幢为典型代表。文物现集中收藏于中国社会科学院考古研究所、洛阳博物馆。

地　　址	洛阳市洛龙区狮子桥村
开放时间	无
收费情况	无
路线推荐	参考线路 10（P596）

白居易造石经幢（吃土君／摄）

白居易造石经幢（邵世海／摄）

　　白居易造石经幢，1992 年出土于隋唐洛阳城履道坊遗址，为一六面体石柱。六侧面宽
15—16.7 厘米、残高 17—31 厘米。有"开国男白居易造此佛顶尊胜大悲……"的题记，因
而可以确定为白居易的遗物，也是迄今所见的与白居易关系最密切的一件文物。经幢通身
光洁，每面均有经文题记。所刻的经文应有《佛顶尊胜陀罗尼经》与《大悲心陀罗尼经》
两种。白居易晚年一心向佛，这件经幢不失为他晚年生活的最好注脚。

大运河（回洛仓遗址、含嘉仓遗址）（国七）

稻米流脂粟米白，公私仓廪俱丰实。

回洛仓遗址俯视（洛卡奇／摄）

大运河是中国古代大型水利工程，自春秋时期至现代均有相关修筑，北起北京，南到宁波，流经北京、河北、天津、山东、江苏、浙江、河南、安徽等省市，是全世界建造时间最早、使用最久、空间跨度最大的人工运河。2013 年，被公布为第七批全国重点文物保护单位，与第六批全国重点文物保护单位"京杭大运河"合并，并改名为"大运河"。2014 年，"中国大运河"被列入《世界遗产名录》。

　　隋唐大运河是大运河的重要组成部分，洛阳是隋唐大运河的中心，相关文保单位也与隋唐大运河相关。隋唐大运河开凿于隋炀帝时期，在旧有水系基础上整修连通，以洛阳为中心，北抵涿郡、南到余杭，是由通济渠、永济渠、邗沟、江南运河四个部分组成的大型运河工程，是中国古代南北交通的大动脉，是中华民族留给世界的宝贵遗产。

　　洛阳的"大运河"国保子项，同时也是世界文化遗产的遗产点，包括回洛仓遗址、含嘉仓遗址。从遗址本身的性质角度来看，它们属于古遗址；从位置角度来看，它们是隋唐洛阳城的重要组成部分；从漕运角度来看，它们是隋唐时期全国粮食运输、中转、存储的中心，具有重要的学术价值和研究意义。

回洛仓遗址（李琼／摄）

回洛仓遗址（贺兰鹣鹣／摄）

回洛仓遗址 ▌

　　回洛仓是隋代洛阳城的主要仓储设施，是隋代国家粮库，也是已知隋唐时期仓城中规模最大的一座。

　　隋炀帝营建洛阳，同时兴修回洛仓等大型粮仓用于储粮。隋末瓦岗军攻陷回洛仓，后该仓逐渐被废弃。回洛仓仓城呈长方形，东西长1000米，南北宽355米，内部由管理区、仓窖区、道路和漕渠等部分组成。仓窖成组分布，整齐排列，共探出仓窖200余座。推测整个仓城共有仓窖700余座，可储粮3.55亿斤。

　　仓窖均为口大底小的缸形，窖壁加工细致，窖底经过夯打，铺有木板或篾席。各个仓窖的大小基本一致，窖口内径10米，外径17米，深10米，规模巨大，出土有"大业元年"刻铭砖等重要文物。

　　回洛仓的发现为研究古代仓储制度、都城布局等提供了重要的实物材料。回洛仓遗址46号、47号、51号、52号仓窖已发掘并建设保护展示棚，现为洛阳仓窖博物馆，对公众开放。

地　　址	瀍河回族区瀍河回族乡小李村
开放时间	周二至周日 9:00—17:00
收费情况	免费
路线推荐	参考线路 9（P594）

隋大业元年刻铭砖（吃土君／摄）

回洛仓刻铭砖（吃土君／摄）

含嘉仓遗址

含嘉仓，隋唐洛阳城的主要仓储设施之一，位于隋唐洛阳城含嘉仓城中，是唐代最大、最重要的官仓。20世纪60年代末发现，后部分发掘。

含嘉仓兴建于隋代，唐代开始大规模使用。唐朝统治者吸取隋代将主要粮仓置于城外导致城中少粮进而加速灭亡的教训，将

含嘉仓160号仓窖遗址（贺兰鹅鹅 / 摄）

主要粮仓转移至城内的含嘉仓。唐天宝年间，这里的粮食存储量占到全国主要大型粮仓储量的近一半。

含嘉仓仓城位于宫城之东、东城之北，平面近方形，东西约620米，南北约710米，有城门三座。内部由仓窖区、生活管理区和漕运码头区等组成，有十字形道路，东南角的漕运码头与洛河和运河相通。这里地势较高，土质干燥，水位低，利于储粮。

含嘉仓遗址已发现排列有序的圆形仓窖400余个，并部分发掘。发掘的仓窖均为口大底小的圆缸形，出土了许多铁质生产工具以及30余块铭砖。铭砖详细地记录了每个粮窖的位置、储粮的来源、品种、数量以及入库时间、经手人等，是粮食入仓时的原始记录凭证。

含嘉仓遗址现能够参观的是160号仓窖遗址，位于瀍河回族区古仓街陇海铁路以南，发掘时发现有约250吨炭化粮食，并有带字铭砖。推测该窖当年储存的粮食有约50万斤。

地　　　址	瀍河回族区瀍西街道古仓街
开放时间	周二至周日 9:00—17:00
收费情况	免费
路线推荐	参考线路 8（P592）

炭化粮食标本（吃土君/摄）

160号仓窖局部（吃土君/摄）

炭化粟米（吃土君/摄）

含嘉仓刻铭砖（吃土君／摄）

宋陵采石场（国七）

镌琢之声，闻数百里。

采石断壁遗迹（孙鹏飞／摄）

地　　址	偃师区大口镇四道沟沟口附近的山谷内
开放时间	全天
收费情况	收费
路线推荐	参考线路 22（P620）

宋陵采石场文保碑（刘雷／摄）

　　宋陵采石场遗址，是北宋时期营建皇陵的采石地点，宋陵所用石材大多取于此处，是宋代劳动人民辛勤劳动和聪明智慧的结晶，对研究宋代皇陵建设及宋代历史提供了珍贵的实物资料。宋陵采石场遗址见于清代《偃师县志》记载，亦存有永泰陵采石记碑与之印证。

　　遗址现尚存有大小不同的采石坑及采石断壁遗迹，并有大量石雕像或建筑构件的半成品和采集中途废弃的石料遗物。这些遗迹遗物上，多存有錾痕和錾取石料的錾窝。

　　遗址区域内有宋代采石题记六处，能够见到的有开宝、天圣、元符、崇宁等年号。其中，一处是为宋哲宗永泰陵采石时所刻，一处很有可能是为宋神宗钦成皇后修建陵园采石时所刻，一处可能是为宋哲宗献愍太子修墓采石所刻，其余无法判断。

造像龛（孙鹏飞／摄）

造像龛（许琰琛／摄）

元符年间题记（林赵成 / 摄）

开宝年间题记（许琰琛 / 摄）

金代题记（林赵成 / 摄）

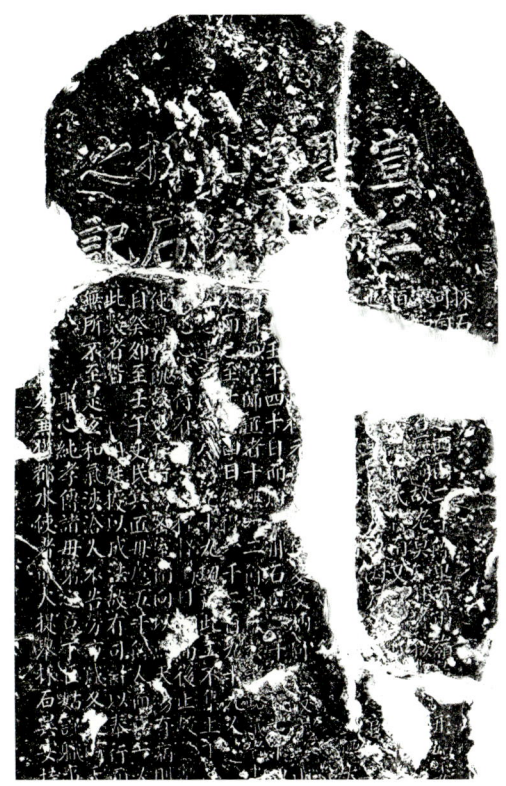

宋宣仁圣烈皇后山陵采石记碑（吃土君／摄）　采石碑记拓片（局部）（吃土君／摄）

　　宋宣仁圣烈皇后山陵采石记碑，原立于偃师区缑氏永庆寺，现收藏于偃师博物馆，刻立于北宋元祐八年（1093），吴安持（北宋著名改革家王安石之婿）撰文，杨仲卿书丹。碑文对宣仁圣烈高皇后陵的采石位置（偃师缑氏镇西南栗子岭）、采石时间（元祐八年九月三日至十一月九日，共用时 40 天）、采石数量（巨细石一万有畸）、用工数量（五千余人）均有详细的记录。

洛阳是中国四大古都之一，古代墓葬遗存非常丰富。北部的邙山是中国古代最著名的风水宝地，有"生在苏杭，死葬北邙"之说，现存历朝历代的古墓葬数十万座。截至2021年，洛阳地区有被公布为市级以上文物保护单位的古墓葬72处，其中，全国重点文物保护单位9处，省级文物保护单位10处，市级文物保护单位53处。

洛阳地区古代墓葬时间跨度极大。洛阳是东周王朝的都城，东周时期的王陵集中分布在此。著名的"天子驾六"车马坑遗址（国七"洛阳东周王城"子项）极有可能是东周某座王陵的遗存，周山陵区的周三王陵、周灵王陵为市级文物保护单位。另外，陆浑戎作为东周时期戎族的一支，内迁中原后修建了大型墓群徐阳墓地（国八），这里出土了大批珍贵文物。

东汉定都洛阳，随之而来的是大量高等级墓葬的营造。东汉时期的14位皇帝中，绝大部分确认埋葬在洛阳，其陵墓分别分布在邙山陵区（国五邙山陵墓群子项）和洛南陵区（国七）。另外，在市区的白马寺镇等地，还留存有数量众多的汉代墓群（大多为市保）。

曹魏、西晋时期，盛行"不封不树"的薄葬制度，但在洛阳附近，考古工作者发掘了一些等级很高的魏晋墓葬，为研究曹魏、西晋时期的墓葬制度提供了重要的资料。其中，以疑似为魏明帝曹叡高平陵陪葬墓的西朱村曹魏墓（国八）和晋代帝陵及陪葬墓的晋武帝峻阳陵（国五 邙山陵墓群子项）为代表。

南北朝时期，洛阳是北魏王朝的都城。洛阳现存五座北魏时期的帝陵，其中，北魏宣武帝元恪景陵（国五邙山陵墓群子项）和衡山路北魏大墓已经过考古发掘。另外，北魏宣武帝景陵所在的洛阳古墓博物馆将洛阳地区数十座有代表性的古代墓葬进行了整体迁建。

洛阳地区遗存的隋唐五代时期的墓葬数量众多，其中，有帝王陵寝级别的唐孝敬皇帝李弘恭陵（国五）、唐昭宗李晔和陵（市保）、后梁太祖朱温宣陵（省三）和后晋高祖石敬瑭显陵（国七）等，也有许多名人的墓葬，如著名诗人杜甫（省一）、名臣姚崇（省五）、颜真卿（市保）等。著名的千唐志斋（国四）收藏了数量众多的唐代墓志。

宋元明清时期，洛阳地区是众多政治、文化名人活跃的舞台，这些名人去世后，多在洛阳附近营建墓葬。洛阳地区这一时期的墓葬，大多保存相对完好，有的地面还遗留有精美的石像生。其中，比较有代表性的墓葬有：宋代名臣范仲淹墓（国六）、著名学者程颐、程颢墓（国七）等。

汉光武帝陵

中区

贾谊墓

刘家井大冢

西区

班超墓

后唐明宗徽陵

北魏孝文帝长陵

北魏孝明帝定陵

大汉冢

朱仓升子冢

朱仓大冢

二汉冢

三汉冢

北魏宣武帝景陵

象庄村石象

西晋文帝崇

西晋武帝峻阳陵

北魏孝庄帝静陵

黄

洛阳市

洛河

夹河区

伊河

洛南区

● 邙山陵墓群分布图

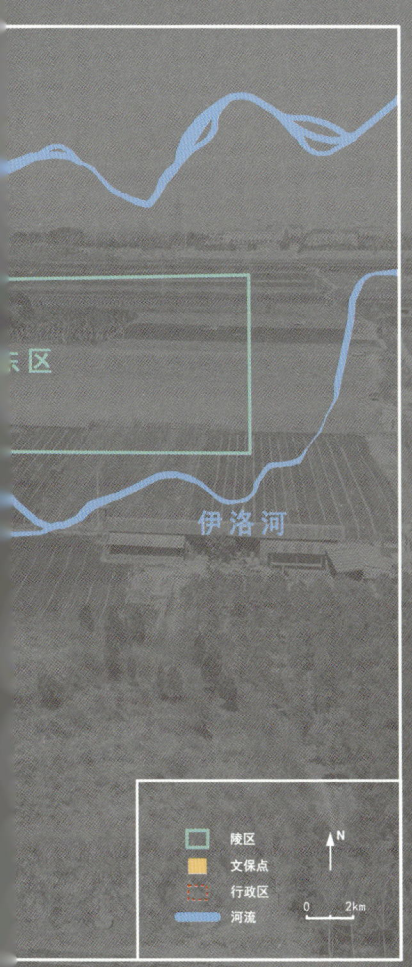

伊洛河

陵区
文保点
行政区
河流

0　　2km

N

邙山陵墓群（国五）

北邙山头少闲土，尽是洛阳人旧墓。

邙山陵墓群位于东西近 50 千米、南北约 20 千米的邙山上，自西向东位列西工区、老城区、孟津区、偃师区 4 个区，涵盖 20 多个乡镇，大致呈东西向长条形分布。

邙山陵墓群规模庞大，现存墓葬的年代上起东周，下至明清，时间跨度 2000 余年。整个墓葬群大致可以分为 4 个区域：西段（北魏陵区）、中段（东周、东汉和后唐陵区）、东段（西晋、曹魏陵区）、夹河段（东汉、西晋墓群）。其中，可以明确营建于邙山上、属于邙山陵墓群的东汉至五代的帝王陵寝就有 10 余座多。

三大汉冢鸟瞰（邵世海 / 摄）

邙山东汉帝陵区

　　邙山东汉帝陵区，位于邙山墓葬群的中部和东部，遗存有六座东汉帝陵（其中，一座为减制帝陵，一座封土基本无存）和一处帝陵石像生。从整体上看，邙山东汉陵区由中部帝陵区、东部陪葬墓区，以及西部、西北后妃墓区三部分组成。

　　2003 年至今，考古工作者发掘和清理了包括大汉冢帝陵陵园遗址、朱仓村两座东汉帝陵陵园遗址在内的许多重要遗存，对邙山东汉帝陵区陵墓的布局和遗存形成了初步的认识。但封土和陵墓（墓主人）的对应关系，学术界有很多不同的观点。

大汉冢全景（邵世海 / 摄）

地　　址	孟津区送庄镇三十里铺村西南
开放时间	全天开放
收费情况	免费
路线推荐	参考线路 15（P606）

大汉冢俯视（邵世海／摄）

大汉冢

　　大汉冢是邙山东汉帝陵区规模最大的墓葬，分为陵墓和陵园附属建筑两部分。封土呈平顶圆丘形，从上到下共 12 级台阶，封土南侧，有清代"汉明帝显节陵"石碑。西北角立文保碑"汉安帝陵"。考古工作者初步探测，发现其为长斜坡墓道明券砖石"甲"字形墓。

　　大汉冢东侧晋代墓葬中出土带有"汉室中兴"字样的残碑，目前，一般认为大汉冢为汉光武帝刘秀原陵，也有观点认为其为汉安帝恭陵。

清代"汉明帝显节陵"石碑（冯帅康 / 摄）　　　　"汉明帝显节陵"碑中乾隆纪年（牧夫 / 摄）

汉安帝陵文保碑（唐时星光 / 摄）

二汉冢全景（孙鹏飞/摄）

二汉冢鸟瞰（邵世海/摄）

地　　址	孟津区送庄镇三十里铺村西南
开放时间	全天开放
收费情况	免费
路线推荐	参考线路15（P606）

二汉冢

二汉冢位于大汉冢以南，封土呈圜丘形，保存基本完好，从上到下共七级台阶，顶部有塌陷的迹象。为长斜坡墓道明券砖石"甲"字形墓。墓南有"汉章帝敬陵"标志碑。现立有全国重点文物保护单位碑，称其为"汉顺帝宪陵"。依据最新的考古调查，有学者认为，二汉冢为汉安帝恭陵。二汉冢、三汉冢之间的排水系统相互连通，可能经过统一规划，也有观点认为二汉冢为汉顺帝宪陵。

二汉冢文保碑（冯帅康/摄）

三汉冢全景（孤牧夫／摄）

三汉冢俯视（赵茜／摄）

三汉冢

　　三汉冢位于二汉冢以南，与大汉冢、二汉冢大体呈南北一线，是一座减制帝陵。封土为平顶圜丘形，共五阶台地，封土中央有一个塌陷的盗洞，有塌陷的迹象。墓前立有全国重点文物保护单位"汉冲帝陵"碑。

　　考古工作者对三汉冢封土及其墓葬形制进行了初步探测。该墓为长斜坡墓道明券砖室墓，等级规制低于其他东汉帝陵。疑为汉前少帝北乡侯刘懿陵，也有观点认为其为汉冲帝怀陵。

地　　址	孟津区送庄镇三十里铺村西南
开放时间	全天开放
收费情况	免费
路线推荐	参考线路 15（P606）

朱仓升子冢俯视（邵世海/摄）

朱仓升子冢

朱仓升子冢，地面尚存一座高 10 余米的封土。考古工作者探测结果显示，朱仓升子冢封土原始直径 86 米，墓道长 40 米，为长斜坡墓道明券砖石"甲"字形墓，墓道已被破坏，墓室周围分布有红烧土层。朱仓升子冢可能是汉冲帝怀陵，也有观点认为其为原陵附葬皇后陵或陪葬墓。

地　　址	孟津区送庄镇朱仓村西北
开放时间	全天开放
收费情况	免费
路线推荐	参考线路 15（P606）

位于朱仓升子冢西，地表无存的朱仓大冢（邵世海／摄）

地　　址	孟津区送庄镇朱仓村西北
开放时间	全天开放
收费情况	免费
路线推荐	参考线路 15（P606）

朱仓大冢

    朱仓大冢位于朱仓升子冢西约 300 米、连霍高速路南约 50 米,原始封土直径 136 米,破坏严重,地表封土几乎无存。该墓为长斜坡墓道明券砖石"甲"字形墓,墓室周围分布有红烧土层。

    朱仓大冢可能是汉顺帝宪陵。近年来,也有学者从兆域面积、陵园布局、出土遗物及大汉冢、二汉冢、三汉冢陵园布局模式等方面出发,认为其可能是汉光武帝原陵。

刘家井大冢俯视（邵世海 / 摄）

地 址	孟津区送庄镇刘家井村南
开放时间	全天开放
收费情况	免费
路线推荐	参考线路 15（P606）

刘家井大冢鸟瞰（邵世海／摄）

刘家井大冢▌

　　刘家井大冢，现存封土呈平顶圜丘形，夯层明显，为长斜坡墓道明券砖石"甲"字形墓。在封土附近发现两块各刻有 20 余字的黄肠石，上面分别有"建宁五年二月"和"熹平六年二月"等字样。封土顶端曾采集到金缕玉衣残片。根据采集文物及黄肠石上所记的年号，刘家井大冢被判定为汉灵帝刘宏的文陵。考古部门在刘家井大冢附近修建了碑亭，并竖有"汉灵帝文陵"石碑。

▎知识链接

黄肠石、汉代玉衣制度

　　确定刘家井大冢墓主身份的主要依据是两块带有纪年的黄肠石及在封土顶部发现的金缕玉衣残片。这就涉及黄肠石和汉代的玉衣制度。

　　黄肠石是东汉时期皇帝及诸侯王筑墓所用的石材，最早由罗振玉定名。东汉时期，随着墓葬形制的变化，石材开始取代西汉木椁墓中的木材。《后汉书》记皇帝丧葬礼仪有"方石治黄肠题凑便房如礼"的记载，可见黄肠石的得名与其用来建设墓室中的"黄肠题凑"、便房等设施的功能有关。洛阳邙山出土黄肠石的铭文中常见"黄肠"二字。黄肠石上通常会记录工匠姓名、石材尺寸、顺序位置等，有的还记载有纪年。

　　玉衣是以不同材质的线缕将玉片缀连制成的人形敛具，使用于汉代。完整的玉衣可分为头套、上衣、手套、裤筒、鞋套五个部分。一般我们认为西汉前期是玉衣使用迅速发展和完善的时期，但此时严格的等级制度尚未形成，而相关制度的完善要到东汉时期。东汉时期朝廷对玉衣使用有严格的等级规定。

刘家井大冢全景（孙鹏飞／摄）

建宁五年黄肠石（林赵成／摄）

象庄村石象（唐时星光／摄）

地　　　址	孟津区平乐镇象庄村
开放时间	不开放
收费情况	免费
路线推荐	参考线路 15（P606）

象庄村石象▍

　　象庄村石象，一般被认为是邙山东汉帝陵区神道的石像生遗存，可能是中国现存断代明确的时代最早的帝王陵墓神道石像生遗存。2019 年，被公布为第八批全国重点文物保护单位，并入"邙山陵墓群"。

石象侧面（邵世海／摄）

石象右后方（邵世海／摄）

象耳（邵世海／摄）

象眼（邵世海／摄）

象牙（邵世海／摄）

象足（邵世海／摄）

　　原本东西相对的两只石象，现仅存一只，整块青石雕刻，形体巨大，与真象无异。由于年代久远，象鼻、象尾俱已断失。近年来，考古工作者在三汉冢与象庄石象之间发现了东、西相对的两座夯土建筑基址，可能是邙山东汉帝陵区神道上的两座阙台遗址，从而有效证明了邙山东汉帝陵区神道的存在，神道两侧原本可能列置有其他类型的石像生。

西晋武帝峻阳陵陵区鸟瞰（赵茜／摄）

邙山西晋帝陵区

　　西晋时期，在邙山一代营建了五座帝王陵寝，目前位置确切、有文物遗存可以证明其身份的，是南蔡庄村北的晋武帝司马炎峻阳陵和杜楼村北的晋文帝司马昭的崇阳陵。

地　　址	偃师区前杜楼村；偃师区南蔡庄村
开放时间	全天
收费情况	免费
路线推荐	参考线路 20（P616）

　　西晋时期盛行"不封不树"的丧葬制度，包括帝陵在内的高等级墓葬，大多数形制较为简单。考古工作者对峻阳陵墓地和崇阳陵墓地进行了初步的考古调查和发掘，确认了两处墓地均以帝陵为中心，帝陵附近有众多妃嫔、皇族成员和勋臣的墓葬作为陪葬，墓葬的分布根据陪葬者生前身份、等级不同，存在明显的等级观念。

　　西晋灭亡后，晋五陵曾经遭遇过多次大规模的盗掘、破坏，峻阳陵墓地和崇阳陵墓地出土的文物数量非常稀少，以早年发现的妃嫔、皇族成员和勋臣的墓志最为重要，其中，包括晋武帝贵人左棻墓志，晋初名臣荀岳墓志（现藏于偃师博物馆），名臣石鉴家族成员石尠、石定墓志（现藏于故宫博物院）等等，这些墓葬均为峻阳陵和崇阳陵的陪葬墓，这些墓志的信息，对于考古工作者确定西晋帝陵的方位、研究西晋帝陵的丧葬制度，具有非常重要的意义。此外，这些墓志也是西晋时期书法的代表性作品，具有很高的艺术价值。

北魏孝文帝长陵（孙鹏飞／摄）

邙山北魏帝陵区

邙山北魏帝陵区位于东汉帝陵区的西侧，汉魏洛阳城的西北方向，现存有遗迹可寻或已发掘的帝陵五座及一处北魏时期的祭祀建筑遗址。目前，北魏宣武帝元恪景陵和墓主疑为节闵帝元恭的衡山路北魏大墓（未公布为文保单位）已进行了考古发掘。

北魏时期的帝陵，地面一般营建有高大的封土，部分陵墓的神道前，放置有一对翁仲石人。从已经发掘的帝陵情况看，北魏帝陵可能都是单室墓。

长陵帝后二陵（吃土君／摄）

北魏孝文帝长陵

　　北魏孝文帝长陵，是元宏及其皇后文昭皇后高氏的合葬陵，是洛阳北魏诸帝陵中规模最大、保存最为完整的一座。现存两座陵园、两座封土、陵园建筑遗址、陪葬墓群。文物部门修建了碑亭，并竖有"北魏孝文帝长陵"石碑。

　　孝文帝陵封土，位于陵园的中部偏北，被称为"大冢"，平面呈圆形，封土南侧发现了两件可能是石人基座的石礅。

　　北魏孝文帝元宏（467—499），杰出的政治家、改革家，北魏第七位皇帝，北魏献文帝拓跋弘长子。471—499 年在位，在位 29 年，终年 33 岁，追赠孝文皇帝，庙号高祖。

地　　址	孟津区朝阳镇官庄村南
开放时间	全天开放
收费情况	免费
路线推荐	参考线路 16（P608）

![文昭皇后高氏陵封土（林赵成 / 摄）]
文昭皇后高氏陵封土（林赵成 / 摄）

文昭皇后高氏陵，位于孝文帝陵西北，被称为"小冢"，被盗出土有《魏文昭皇太后山陵志》，现藏于洛阳博物馆。

长陵附近营建有数量众多的陪葬墓，陆续出土了数十方墓志，陪葬者包括孝文帝妃嫔、北魏皇室成员以及文臣武将。

文昭皇太后山陵志（王骏 / 摄）

北魏宣武帝元恪景陵（孙鹏飞／摄）

地　　址	老城区机场路洛阳古墓博物馆
开放时间	9:00—17:00（周一闭馆）
收费情况	免费
路线推荐	参考线路 16（P608）

北魏宣武帝元恪景陵

　　北魏宣武帝元恪景陵，是我国经考古发掘的第一座北魏帝陵。地面现存封土和两件石刻翁仲（一件身躯为原物，另一件为复制品）。

　　封土保存较好，平面呈圆形，墓室置于封土之下，已进行考古发掘。景陵墓室坐北面南，由墓道、前甬道、后甬道和墓室四部分构成，全长 56 米余。

身躯为原物的石像生（冯帅康／摄）

武士俑头部（孙鹏飞／摄）

武士俑头部（孙鹏飞／摄）

墓室内部（许琰琛／摄）

墓室穹顶（吃土君／摄）

墓室（孙鹏飞／摄）

青瓷龙柄盘口壶（吃土君／摄）　　　　　青瓷四系盘口罐（吃土君／摄）

　　景陵发掘时采用沿墓道发掘的方式，完整保护了墓室，墓道壁前段为土坯，后段为砖砌，墓室呈弧方形，四角攒尖顶。墓室内石棺所在处为一大穹顶空间，青砖逐层砌筑。棺床置于墓室西部，由 15 块方形大青石板拼成，整体为长方形。

　　墓葬被盗严重，现已复原出青瓷盘口龙柄壶、陶砚、石帐座、残石灯等十余件文物。

　　北魏宣武帝元恪（483—515），北魏第八位皇帝，孝文帝元宏次子。499—515 年在位，在位 17 年。在位期间开始营建龙门石窟宾阳三洞。终年 33 岁，庙号世宗，谥号宣武皇帝。

北魏孝明帝元诩定陵鸟瞰（邵世海／摄）

北魏孝明帝元诩定陵 ▌

　　位于邙山东汉帝陵区的西南侧，被推测为北魏孝明帝定陵，当地人俗称为"玉冢"或
"尉冢"（可能是"诩"冢的谐音）。

　　现存封土和陵园。陵园呈方形，四周建有垣墙，垣墙外侧挖有壕沟。陵园内有一座高
大的圆形封土，保存基本完好。

地　　址	孟津区送庄镇西山头村
开放时间	全天开放
收费情况	免费
路线推荐	参考线路 15（P606）

北魏孝明帝元诩定陵封土（孙鹏飞／摄）

根据考古调查，墓室平面略呈"甲"字形，形制为长斜坡墓道单室砖券墓。墓室在甬道北，平面略呈方形，四角攒尖顶。附近曾经发现了石羊和石人石像生，可能是该墓或者该墓陪葬墓的神道石像生遗存，现藏于洛阳博物馆。

北魏孝明帝元诩（510—528），北魏第九位皇帝，北魏宣武帝元恪次子。515—528年在位，在位14年。武泰元年（528）遇害，终年19岁，谥号孝明，庙号肃宗。

石童子牵羊（李琼／摄）

北魏孝庄帝元子攸静陵（洛卡奇 / 摄）

翁仲石人细节（唐时星光 / 摄）

北魏孝庄帝元子攸静陵

　　北魏孝庄帝元子攸静陵现存封土，平面基本呈圆形。附近出土一座保存较为完整的翁仲石人，笼冠、夹领、短襦、裙服，双手按剑，目视前方，是现存的保存完好的北朝墓葬神道翁仲石人，现藏于洛阳博物馆。

地　　址	西工区红山街道上寨社区
开放时间	全天开放
收费情况	免费
路线推荐	参考线路 3（P582）

翁仲石人（冯帅康／摄） 　　石虎（吃土君／摄）

北魏孝庄帝元子攸（507—531），字彦达，北魏第十二位皇帝，献文帝拓跋弘之孙，彭城武宣王元勰第三子，528—531年在位。永安三年（531）被权臣尔朱兆所弑，终年25岁，太昌元年（532）追赠孝庄皇帝，庙号敬宗。

汉光武帝陵鸟瞰（邵世海／摄）

地　　址	孟津区白鹤镇铁谢村
开放时间	周二至周日 9:00—17:00
收费情况	收费
路线推荐	参考线路 14（P604）

汉光武帝陵 ▌

　　汉光武帝陵，陵号"原陵"，当地亦称"汉陵"，俗称"刘秀坟"，世传是东汉开国皇帝刘秀和光烈皇后阴丽华合葬陵墓。根据考古勘探成果，这处"墓葬"可能是北魏孝文帝时期营建的用于祭祀地祇的方泽坛的遗址。

汉光武帝陵大门（许琰琛／摄）

　　现存建筑群由神道、陵园和祠庙三部分组成，大部分建筑、石像生都是现代营建景区时新建。陵园内的封土，应为方泽坛主（坛）体建筑的遗存，呈圜丘形，高约 18 米，附近保留了很多明清两代祭祀汉光武帝的石碑。遗址区内种植有 1000 余棵柏树，最早的可能种植于唐宋两代。另有历代碑刻多通。

知识链接

方泽坛

　　目前，大多数学者认为，位于铁谢村的汉光武帝陵是北魏时期的方泽坛。《魏书·礼志一》记载："（太和）二十年，立方泽于河阴，仍遣使者以太牢祭汉光武及明、章三帝陵。"方泽坛就是地坛，它与位于委粟山的圜丘（具体位置在今禹宿谷堆石窟寺）遥相呼应，都是北魏时期都城祭祀体系的重要组成部分。

汉光武帝陵神道鸟瞰（邵世海／摄）

墓区（筱溪听泉／摄）

墓碑（欣风／摄）

大宋新修后汉光武皇帝庙碑碑首（筱溪听泉／摄）

大宋新修后汉光武皇帝庙碑（筱溪听泉／摄）　听涛碑上的圆孔（许琰琛／摄）

　　听涛碑位于神道西侧，是明代皇帝遣使致祭石碑，立于明弘治元年（1488）。不知为何，碑上左侧有一通透圆孔，相传是"飞洞"，将耳朵贴在上面，能听见几百米外黄河的波涛声。故该碑被称为"听涛碑"。

后唐明宗徽陵鸟瞰（邵世海 / 摄）

后唐明宗徽陵 ▌

　　后唐明宗徽陵，位于邙山陵墓群中段，为五代时期后唐明宗李嗣源的陵寝。据史书记载，后唐闵帝李从厚和末帝李从珂也葬于徽陵陵园之中。

　　徽陵陵园原建有园墙、阙台、角楼等建筑，现仅存部分夯土台基。封土呈覆斗形，高约 12 米。文物部门修建了碑亭，并竖有"后唐明宗徽陵"石碑。

　　后唐明宗李嗣源（867—933），本名邈佶烈，称帝后更名李亶，后唐太祖李克用养子，后唐第二位皇帝。926—933 年在位，长兴四年（933）崩，时年 67 岁。庙号明宗，谥号圣德和武钦孝皇帝。

后唐明宗徽陵封土（牧夫／摄）

知识链接

覆斗形封土

顾名思义，指形状像一个倒扣的斗的封土。这种封土平面呈正方形，顶面中部也是正方形，上下四角相连。覆斗形封土一般用于帝陵，例如，西汉帝陵（除霸陵）、隋文帝泰陵、唐高祖献陵等帝陵，均使用覆斗形封土。此外，一些等级较高的陵墓，在皇帝的允许下，也可使用这一形制的封土，如唐顺陵（武则天母杨氏墓）、唐惠陵（让皇帝李宪墓）、惠庄太子墓、节愍太子墓等。

地　　址	孟津区送庄镇护庄村西南
开放时间	全天开放
收费情况	免费
路线推荐	参考线路 15（P606）

钱俶墓志（吃土君／摄）

富弼墓壁画（吃土君／摄）

　　作为中国古代著名的风水宝地，邙山是古代很多名人心目中理想的"埋骨之地"。邙山上现存众多的中国古代名人墓葬，如战国政治家吕不韦墓、著名纵横家苏秦墓；汉代著名文学家贾谊墓、著名外交家班超墓；曹魏著名将领曹休墓；唐代著名政治家姚崇墓，著名诗人杜审言、杜甫墓；宋代著名政治家、宰相富弼家族墓（已经过考古发掘，部分出土文物、壁画藏于洛阳古墓博物馆），名将石保兴、石保吉兄弟墓（现存两通具有重要文物和艺术价值的神道石碑）；清初名臣李际期墓（保存有非常精美的神道石像生）。另外，陈后主陈叔宝、南唐后主李煜、吴越忠懿王钱俶等人的墓葬也在邙山上（其中，钱俶的墓志已经出土，藏于洛阳博物馆）。

贾谊墓（吃土君／摄）

贾谊墓

贾谊墓是西汉著名文学家贾谊的墓葬，当地人称为"贾生墓"，位于邙山贾氏宗族墓群之中。

现仅存封土一座、石碑一通。封土呈锥形，立有一通石碑，上书"西汉太傅贾谊之墓"，是孟津区人民政府于 2014 年所立。根据史料记载，贾谊墓以前建有神道石像生和建筑，现均已无存。

在贾谊墓附近早年发掘出土东汉延平元年（106）贾武仲妻马姜墓记、唐代贾氏长殇女墓志等汉代、唐代贾氏家族成员的墓志，现藏于辽宁省博物馆、千唐志斋博物馆等地。

贾谊（前 200—前 168），世称"贾生"，西汉初年著名政论家、文学家。汉文帝时任博士，迁太中大夫，后谪为长沙王太傅，三年后被召回长安，为梁怀王刘揖太傅。其代表作有政论散文《治安策》《过秦论》《论积贮疏》，辞赋《吊屈原赋》《鵩鸟赋》等。

地　　址	孟津区平乐镇新庄村
开放时间	全天开放
收费情况	免费
路线推荐	参考线路 15（P606）

班超墓（邵世海／摄）

班超墓

班超墓，是东汉名臣、著名军事家、外交家班超的墓葬，当地人称为"班冢"。

现仅存封土一座、石碑一通。封土呈平丘状，封土前立有石碑一通，上书"汉定远侯班超之墓"，是孟津区人民政府 2007 年秋所立。在封土东北发掘出土《唐故宁州刺史崔君墓志铭并序》一方，其上有"子纤绩扶梓归祔北邙，泉宫西南距汉射声校尉班侯墓百四十步"的记载，据此可以确定这座封土为班超墓封土。

现今以班超墓为中心，营建了班超纪念馆。

班超（32—102），字仲升，扶风郡平陵县（今陕西省咸阳市）人，东汉时期著名军事家、外交家，史学家班彪的幼子，史学家班固之弟。班超早年追随其父、兄，在文、史领域颇有造诣，后弃笔从戎，随大将军窦固出击北匈奴，后又奉命出使西域，官至西域都护，封定远侯。永元十四年（102）去世，终年 71 岁。

地　　址	孟津区朝阳镇煤窑新村
开放时间	全天开放
收费情况	免费
路线推荐	参考线路 16（P608）

班超墓墓冢（邵世海／摄）

整修前的班超墓墓冢（唐时星光／摄）

徐阳墓地（国八）

疆理虽重海，车书本一家。

徐阳墓地鸟瞰（邵世海／摄）

地 址	伊川县鸣皋镇徐阳村
开放时间	不开放
收费情况	无
路线推荐	参考线路 26（P628）

　　徐阳墓地，我国现已发掘的规模最大、出土文物最丰富的两周时期内附戎族墓葬群，2013年发现并开始发掘。

　　徐阳墓地分为东、中、西三个区域，规模较大。目前，已经探明墓葬400余座，车马坑10余座，发掘和清理了100余座墓葬和部分车马坑。

陶鼎（吃土君／摄）

铜镈（吃土君／摄）

　　墓群规模较大，其中，M15是墓葬群的代表性墓葬。发掘出土的数千件文物中，既有单耳陶罐、铜鍑、铜剑等带有戎族文化元素的器物，也有编钟、石磬等带有中原文化元素的器物。

　　根据出土文物以及车马坑附近发现的集中放置大量马牛羊头蹄的特殊殉牲习俗，考古工作者判断，徐阳墓地为两周时期西北戎族"陆浑戎"内迁后的部族墓地，墓地中的大型墓葬是陆浑戎王墓。

　　该墓地的发现和发掘证实了陆浑戎迁居伊川的历史事件，具有重要价值，墓葬群出土的文物是研究中原地区少数民族迁徙和融合历史的珍贵资料。

玉铲（吃土君／摄）

单耳陶罐（吃土君／摄）

金耳环（吃土君／摄）

鎏金铜牌饰（吃土君／摄）

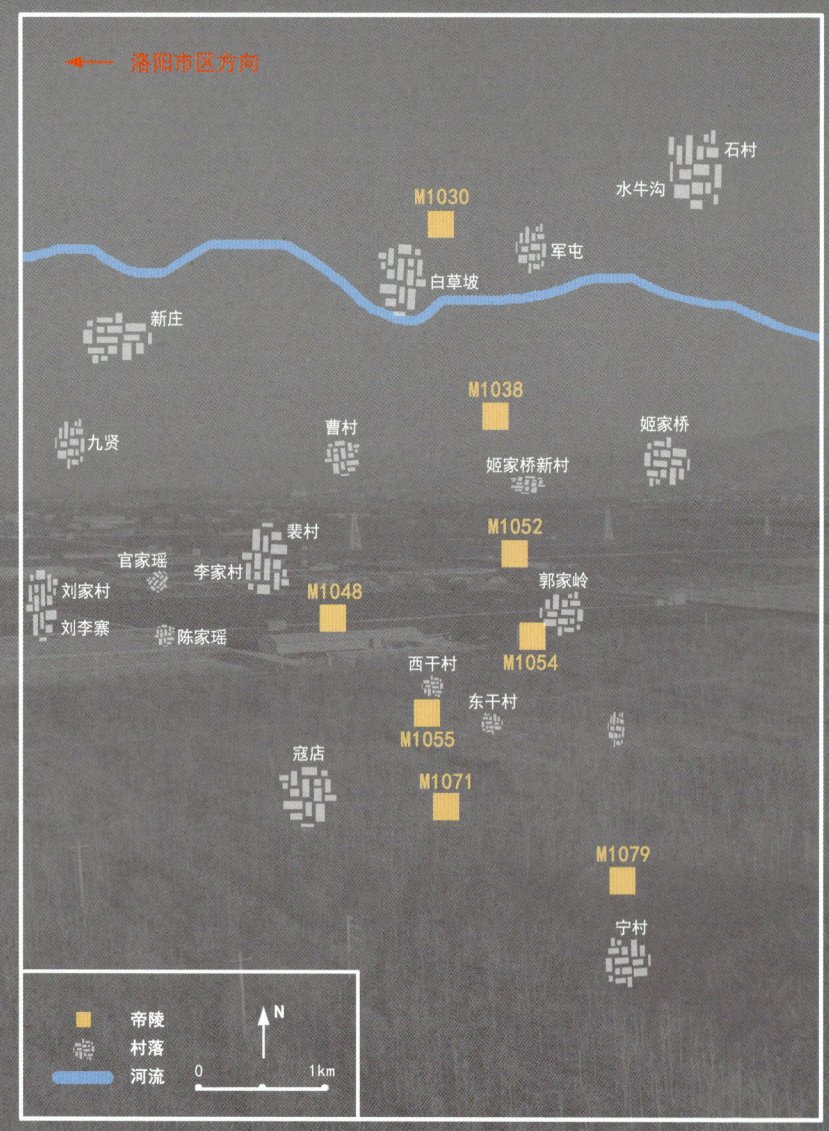

洛阳市区方向

M1030

石村
水牛沟
军屯
白草坡
新庄
M1038
姬家桥
九贤
曹村
姬家桥新村
M1052
裴村
郭家岭
官家瑶
李家村
M1048
刘家村
刘李寨
陈家瑶
西干村
M1054
东干村
寇店
M1055
M1071
M1079
宁村

帝陵
村落
河流
N
0   1km

● 洛南东汉帝陵分布示意图

洛南东汉帝陵（国七）

吴国地遥江接海，汉陵魂断草连天。

洛南东汉帝陵是洛阳地区东汉帝陵的集中分布区，位于汉魏洛阳城东南方向，营建有七座帝陵、一座废弃帝陵，以及包括后妃墓葬在内的陪葬墓群，现存大、中型墓葬封土 20 余座。陵区地面遗存除了帝、后陵寝（包括陵园建筑遗迹和封土）和陪葬墓封土外，还有一些零散的黄肠石构件（部分黄肠石被收集后保存于洛阳博物馆、偃师博物馆等地）。

洛南东汉帝陵区域内有八座大型墓葬，其中，M1030（汉桓帝刘志宣陵）地面无封土遗存，剩余七座大型墓葬基本上对应七座帝后陵寝：汉明帝刘庄显节陵、汉章帝刘炟敬陵、汉和帝刘肇顺陵、汉殇帝刘隆康陵、汉质帝刘缵静陵、懿陵（葬汉桓帝懿献皇后梁氏，后被追废为贵人冢）、敬北陵（葬汉章帝敬隐皇后宋氏）。具体的对应关系，学术界有很多不同的观点。

白草坡东汉陵园遗址出土铁权（吃土君／摄）

M1030

位于伊滨区庞村镇白草坡村东北部，是洛南东汉陵区中距离当时都城最近的一座帝陵。有陵园遗址，被称为白草坡东汉陵园遗址。

2006年4月起，洛阳市文物考古研究院对白草坡东汉陵园遗址先后进行了多轮调查勘探。2020年，发掘现场出土了一件带有纪年题记的石质圆形器物，器物外侧壁有"光和三年造"题记。"光和"为汉灵帝年号，而汉灵帝文陵已确定位于邙山陵区，因此，该石质器物应是汉灵帝为汉桓帝修建陵园或举行陵园祭祀时制作的，联系文献记载的汉桓帝宣陵的位置，基本确定白草坡东汉陵园即汉桓帝宣陵陵园。

白草坡东汉陵园的面积为85万平方米，根据考古发现，分布着"石殿""钟虡""寝殿""园省""园寺吏舍"五组相对独立的建筑单元。其中，"石殿"初步推测为陵庙，"钟虡"为与祭祀相关的礼乐建筑的代称，"寝殿"用于陵墓祭祀，"园省"则是居住在陵园内的妃嫔、贵人、杂役、宫人的居所，"园寺吏舍"是陵园令、食官等管理陵园的办事机构。

地　　址	偃师区寇店镇、高龙镇一带
开放时间	全天开放
收费情况	无
路线推荐	参考线路21（P618）

M1038（磨盘冢）鸟瞰（赵茜／摄）

M1038 俯视（邵世海／摄）

M1038

　　M1038，当地人俗称"磨盘冢"或"军屯南大冢"。封土平面呈圜丘形，现被开辟为六级田地，可能是汉章帝敬隐皇后宋氏的敬北陵。

M1048 鸟瞰（邵世海 / 摄）

M1048

  M1048，当地人俗称"东冢"或"李家村东南大冢"，是洛南东汉帝陵区现存规模最大的一座墓葬。经考古调查，其原始封土呈圜丘形，直径约185米，墓道平面呈长方形，斜坡状。可能为东汉第二位皇帝汉明帝刘庄的显节陵。

M1048 鸟瞰（邵世海 / 摄）

墓葬附近曾发掘了一座东汉铜器窖藏，发现鎏金铜器、铜器及铜模型器等文物 40 余件，收藏于河南博物院、洛阳博物馆等地。

铜器窖藏出土的鎏金云龙纹铜器盖（吃土君 / 摄）

铜器窖藏出土的部分文物（吃土君／摄）

铜器窖藏出土的鎏金龙首铜柄（林赵成／摄）

M1052 鸟瞰（邵世海 / 摄）

M1052

　　M1052，当地俗称"郭家岭村西北大冢"。其原始封土呈圜丘形，现被开辟为五级田地。可能是东汉第三位皇帝汉章帝刘炟的敬陵。

M1054 俯视（邵世海 / 摄）

M1054 鸟瞰（邵世海 / 摄）

M1054

　　M1054，当地俗称"郭家岭村西南大冢"，可能是东汉第四位皇帝汉和帝刘肇的顺陵。附近曾发现一对唐代石虎和一块唐代残碑（即《唐安西副都护陶大有碑》，现藏于偃师博物馆）。

M1055

　　M1055，当地人俗称"西干村西大冢"。封土周身开挖有十数个窑洞，平面呈不规则形。经考古调查，其原始封土呈圜丘形，直径约 100 米。该墓疑为东汉第五位皇帝汉殇帝刘隆的康陵。

陶大有碑（吃土君／摄）

M1055 鸟瞰（邵世海／摄）

M1071 鸟瞰（邵世海／摄）

M1079 俯视（邵世海／摄）

东汉双翼石羊（吃土君／摄）

M1071

M1071，当地人俗称"寇店村东大冢"，可能是埋葬了汉桓帝懿献皇后梁氏，后被追废为贵人冢的懿陵。

M1079

M1079，当地人俗称"宁村北大冢"，封土现开辟为三级田地，可能是东汉第十位皇帝汉质帝刘缵的静陵。

附近曾出土一件汉代双翼石羊石刻，现藏于偃师博物馆。

西朱村曹魏墓鸟瞰（洛卡奇／摄）

古墓葬

西朱村曹魏墓（国八）

生虽异室，殁同山岳。爰构玄宫，玉石交连。

地　　址	伊滨区寇店镇西朱村
开放时间	不开放
收费情况	无
路线推荐	参考线路 21（P618）

　　西朱村曹魏墓，一般指西朱村曹魏墓群 M1，是洛阳地区发掘的规模最大、出土文物最为丰富的曹魏墓葬，入选 2016 年度全国十大考古新发现。

　　西朱村曹魏墓群共有三座墓葬，其中，M1 未发现封土和墓园遗迹，2015 年被发现并进行了考古发掘。

从墓道看墓室（Acot 一杯茶 / 摄）

墓室模型（吃土君 / 摄）

M1 墓葬规模很大，由墓道、甬道、前室和后室四部分组成，全长 50 余米。在前室砖壁上发现有残存的壁画，保存状况较差。

墓葬中没有出土明确标明墓主人身份的文物，对于 M1 墓主人的身份，学术界有多种不同的观点。根据后室棺座的大小、出土的遣册上的文字和其他出土文物中解析出的信息，初步判断墓主人可能为魏明帝曹叡之女平原懿公主曹淑和与其冥婚的丈夫甄黄。但这一观点并非定论。与其相邻的 M2 是曹魏帝陵级墓葬，推测为魏明帝曹叡高平陵。

墓室俯视（王勘／摄）

墓砖（吃土君／摄）

墓室残留壁画（唐时星光／摄）

西朱村曹魏墓前室（Acot 一杯茶 / 摄）

西朱村曹魏墓墓室（Acot 一杯茶 / 摄）

琥珀质小儿骑羊串饰侧面（时乔／摄）

琥珀质小儿骑羊串饰背面（时乔／摄）

　　M1墓葬虽在历史上曾经多次遭遇盗掘，仍出土了众多文物，其中，重要出土文物有琥珀质小儿骑羊串饰、铁质帐构件和石质帐座，以及多块石楬。

"白画骑羊儿"石楬（时乔/摄）　　　"银鸠车一"石楬（吃土君/摄）

部分石楬（王骏/摄）

知识链接

石　楬

　　"楬"是对物品的揭示和说明，相当于物品上的说明标签。在墓葬中放置楬的做法由来已久，而就目前所见，墓葬中随葬石楬是曹魏时期高等级皇室墓葬特有的做法，可能具有礼制意味。西朱村曹魏墓内出土了大量石楬，共300余件。这些石楬为青石质，长方形，顶部两侧有斜肩，上部正中有一圆形穿孔，表面光滑。石楬正面为阴刻的隶书文字，其内容是对随葬品的记录，行数不等，背面为素面。石楬详细记录了随葬品的名称和数量，部分还会记录随葬品的材质、尺寸、装饰、容器或包裹物等信息。石楬出土时多已不在原位，散落在各处。西朱村曹魏墓出土石楬与被认为是曹操高陵的西高穴M2出土石楬相近。二者相互印证，提供了汉末三国时期石质铭牌的实物材料。

血珀兔（林赵成／摄）

玉臂鞲（吃土君／摄）

陶猪（吃土君／摄）

陶鸭（吃土君／摄）

魏明帝高平陵（国七）

翩翩飞蓬常独征，有似游子不安宁。

魏明帝高平陵封土（洛卡奇／摄）

地　　址	汝阳县内埠镇茹店村东南
开放时间	全天
收费情况	免费
路线推荐	参考线路 31（P638）

魏明帝高平陵，世传是曹魏第二位皇帝魏明帝曹叡的陵寝所在地，当地县志认为该墓也可能是西汉丞相申屠嘉的墓葬。

陵墓所在台地东高西低，东依一座南北走向的霸陵山，现存封土和疑似墓葬建筑遗址。封土系用黄土夯筑，整体形状呈覆斗形，现存高度七米有余。

近年来，考古工作者对该墓进行了详细的考古调查，确定此墓并非魏明帝高平陵，附近发现的砖瓦残片可能是附近一座汉魏时代的窑址或建筑遗址所留，与墓葬本身无关。西朱村曹魏墓群 M2 或为真正的魏明帝高平陵。

魏明帝曹叡（204—239），曹魏第二位皇帝，魏文帝曹丕长子，母为文昭甄皇后。初封平原王，226—239 年在位，在位期间，对内改革法律，约束宗室权力，对外曾经多次打败蜀汉、东吴入侵，平定鲜卑，攻灭辽东割据者公孙氏。景初三年（239）病逝，庙号烈祖，谥号明皇帝。

恭陵（太子弘墓及石刻）（国五）

隧拟桥岩，茔图毕陌，雾凝平楚，烟生竹柏。

唐恭陵全景俯视（邵世海／摄）

地　　址	偃师区缑氏镇唐玄路北（近景山社区）
开放时间	全天
收费情况	免费
路线推荐	参考线路 18（P612）

　　唐恭陵是唐代孝敬皇帝李弘及其皇后哀皇后裴氏的陵寝，是唐代在关中之外营建的规模最大、最重要的一座帝王陵寝。

　　恭陵由陵园建筑、神道及四门石像生、封土、皇后陵和陪葬墓等部分组成。陵园建筑，现仅有夯土台基尚存。堆土为陵，封土呈覆斗形。

唐恭陵神道鸟瞰（邵世海／摄）

　　恭陵的神道及四门石像生，是盛唐时期石刻艺术的杰出代表，现存石像生 18 件和石碑一通，除陵园东、西、北三门外各有石蹲狮一对外，其余 12 件均列置在南神门外的神道两侧，自南而北依次为：石柱、翼兽、石人、走狮。值得一提的是，北神门石狮身上留存有北宋治平元年（1064）题刻。石碑是唐高宗李治手书的《孝敬皇帝睿德纪》碑，现风化严重，已基本看不清字迹。

北门门阙（邵世海／摄）

北门石狮（邵世海／摄）　　　宋人题刻（邵世海／摄）

东门石狮（邵世海 / 摄）

西门门阙（邵世海 / 摄）

神道（筱溪听泉／摄）

石望柱（筱溪听泉／摄）

神道石刻（筱溪听泉／摄）

走狮（筱溪听泉 / 摄）

翼兽（筱溪听泉 / 摄）

石人（邵世海／摄）

石人（邵世海／摄）

特别的仰覆莲座（筱溪听泉／摄）

石人（邵世海／摄）

《孝敬皇帝睿德纪》碑
（吃土君／摄）

石碑局部（吃土君／摄）

恭陵、哀皇后墓封土（卓苹/摄）

恭陵封土（邵世海/摄）

　　哀皇后裴氏墓，俗称"娘娘冢"，20 世纪 90 年代被盗，但未伤及墓室。被盗后收缴和清理出土了大量珍贵文物，以瓷器和三彩器为主。

　　恭陵附近还有一定数量的陪葬墓，现确认身份的陪葬者有许圉师、张文瓘、来恒及其子来景晖、九品官人某氏等等。

　　李弘（652—675），唐高宗李治第五子，唐高宗与武则天长子，唐朝第一位死后追封为皇帝的太子。上元二年（675），随行洛阳，崩于合璧宫绮云殿，终年 24 岁，追赠为孝敬皇帝，以天子之礼葬于恭陵。

蓝釉圈足盘（吃土君 / 摄）

蓝釉碗（严卫 / 摄）

蓝釉双龙尊（吃土君／摄）

蓝釉四系罐（严卫／摄） 　　　　　　　　蓝釉长颈瓶（严卫／摄）

绿釉圈足盘（吃土君／摄）

黄釉三足带盖罐（吃土君／摄）

黄釉葫芦瓶（严卫／摄）

绿釉钵局部（吃土君／摄）

后晋显陵（国七）

称臣呼父古所无，万古诸华有遗臭。

后晋显陵封土（黑昳 / 摄）

地　　址	宜阳县盐镇乡石陵村西
开放时间	全天
收费情况	免费
路线推荐	参考线路 27（P630）

　　后晋显陵是五代后晋开国君主石敬瑭的陵墓。现存陵园建筑遗迹、部分神道石刻和封土。附近的石陵村因此得名。

后晋显陵文保碑（黑敀／摄）

　　后晋显陵封土呈覆斗形，坐北朝南，底部略呈圆形，墓前有清雍正二年（1724）所立"晋高祖之陵墓"石碑。神道原立有东西相对的石像生九对，现多埋于地下，地表只能看到一根露出地表一米多的六棱形石望柱。

　　据《宜阳县志》记载，陵园东原有邱灵寺，是石敬瑭灵輀停放之处，后为护园人住所，寺内建筑多已改建，曾存巨碑一通，是宋真宗景德年间所立，现已遗失。

　　后晋高祖石敬瑭（892—942），太原人，沙陀族。五代十国时期后晋开国皇帝。后唐清泰三年（936）在契丹的协助下灭后唐，建立后晋。在位七年，后世多讥讽其割让幽云十六州、卑事契丹之事。庙号高祖，谥号圣文章武明德孝皇帝。

六棱形石望柱（孙鹏飞／摄）

石刻残件（黑旼／摄）

范仲淹墓（国六）

兵甲富于胸中，一代功名高宋室，忧乐关乎天下，千秋俎豆重苏台。

范仲淹墓鸟瞰（刘雷 / 摄）

地　　址	伊川县彭婆镇许营村北
开放时间	9:00—18:00
收费情况	免费
路线推荐	参考线路 25（P626）

　　范仲淹墓又称为"范园"，是北宋著名政治家、文学家、军事家范仲淹及其家族成员的墓葬。始建于北宋时期，历史上曾经进行过多次修葺和扩建。现已经开发为景区，对公众开放。

冲天牌坊（王学宾／摄）

范园前部分中心营建有后世所建的范文正公祠，现已经开辟为展厅。另外，还遗存有始建于清顺治十三年（1656）的四柱三门冲天牌坊，正中匾额写有"高山仰止"四字，双柱刻有"嵩少青山高道德，涧瀍碧水洁萍蘩"对联。

后部分墓葬区分为前、后两个区域，前区埋葬有范仲淹之母秦国谢太夫人、范仲淹本人及长子范纯祐，后区埋葬有范仲淹次子宰相范纯仁、三子尚书右丞范纯礼、四子户部侍郎范纯粹等人。附近另有唐代尚书裴遵庆墓、宰相姚崇墓。

墓葬区遗存除封土外，还有部分石像生和八通范氏家族成员墓碑，其中，范仲淹本人的神道碑最重要。该碑碑额由皇帝宋仁宗手书，碑文由著名散文家欧阳修撰文，著名书法家王洙书丹，因此被称为"三绝碑"。

范仲淹（989—1052），字希文，宋代著名政治家、文学家、军事家。宋仁宗即位后，长期在西北地区为官，抵御西夏入侵，兴建军事工程，提拔了狄青等一批优秀的青年将领。后来，主持庆历新政改革。皇祐四年（1052）去世，累赠太师、中书令兼尚书令、魏国公，谥号"文正"。有《范文正公文集》传世。

范仲淹墓冢（王学宾／摄）

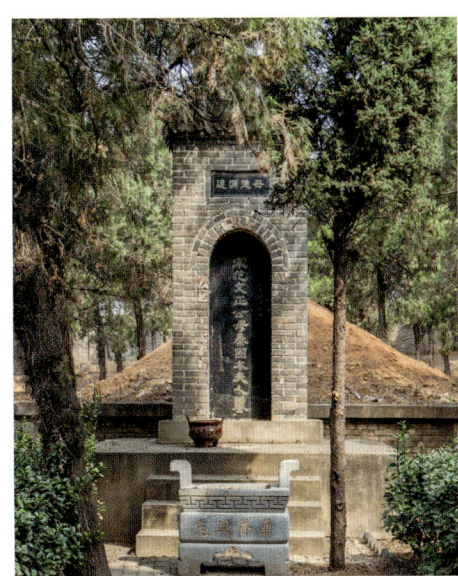

范仲淹之母秦国谢太夫人墓（王学宾／摄）

范仲淹长子墓（筱溪听泉／摄）

范仲淹墓墓园鸟瞰（刘雷／摄）

"三绝碑"局部（王学宾／摄）

石像生（王学宾 / 摄）

石羊（王学宾 / 摄）

范仲淹夫人张氏墓志铭　藏于千唐志斋（吃土君 / 摄）

程颐、程颢墓（国七）

世有二程精说易，皋比何事到横渠。

二程墓墓园鸟瞰（刘雷／摄）

地　　址	伊川县城关街道二程大道北
开放时间	9:00—18:00
收费情况	收费
路线推荐	参考线路 26（P628）

　　程颐、程颢墓，又称为"二程墓"，宋代著名哲学家、思想家、学者程颐、程颢的墓葬。始建于北宋年间，由祠堂和墓葬两部分组成。现已经开发为景区，对公众开放。

程颐、程颢墓祠堂鸟瞰（刘雷／摄）

三座墓冢（林赵成／摄）

　　祠堂初建于北宋哲宗年间，由门楼、厢房及大殿等组成，现存明清两代的石碑四通。

　　墓葬区由神道（含石像生）和封土等组成。神道重建于明宣宗年间，两侧原有东、西并列的石像生群，现存部分残件。现存封土三座，左侧为程颢墓，中间是程颐、程颢的父亲程珦墓，右侧是程颐墓。三座墓前均立有墓碑，为元嵩县县令所立。周边依托二程墓，现已建成二程文化园，对公众开放。

　　程颐（1033—1107），字正叔，世称伊川先生；程颢（1032—1085），字伯淳，世称明道先生。兄弟二人被世人称为"二程"，同为宋明理学的奠基者，后来为朱熹所继承和发展，世称"程朱学派"。

石刻（孙鹏飞／摄）

石刻（孙鹏飞／摄）

程颐墓（林赵成／摄）

洛阳是我国古代中原地区长期以来的政治、经济中心城市，同时历来是兵家必争之地。历朝历代的战乱对洛阳地区的古代建筑，特别是木结构建筑造成了严重的破坏。目前，洛阳市能够确认的年代最早的建筑遗存属于宋、金时期，现存古建筑种类以石构、砖构建筑为主。截至2021年，洛阳市被公布为国家级、省级和市级文物保护单位的古建筑数量共有151处，其中，国家级14处、省级52处、市级85处。

白马寺齐云塔（国一），是我国目前有明确纪年的保存完好的金代砖塔之一，宜阳县五花寺塔（国七），是一座结构独特的宋塔。天津桥石基（省七）是洛阳较早的古桥遗存，黄年桥（省七）则是洛阳保存最完好的宋、金时代的古桥。此外，在现存的木构建筑上，也发现一些宋、金时代的结构遗存，如宜阳灵山寺（国七）大雄殿的殿顶，大部分保留了金代的原貌。

洛阳地区现存的绝大多数古建筑，都是明清时期兴建、复建或修葺的，种类丰富，包括宗教性建筑（包括佛寺、道观、清真寺、古塔和其他宗教建筑）、公共性建筑（包括城隍庙等公共纪念性建筑，会馆、戏台等公共服务、娱乐性建筑）、民居、古城寨等等。这些古建筑保存了大量木雕、砖雕、彩绘和壁画，体现了洛阳地区高超的美术、工艺水平。

中国第一座官办佛教寺院白马寺（国一），宜阳县的灵山寺（国七）、偃师区的兴福寺大殿（国八）是佛寺建筑代表。道观方面，以新安县的洞真观（国八）为代表。洛阳地区宗教建筑、民间信仰建筑、纪念性建筑众多，有为纪念老子而营建的祖师庙（国六）、为纪念周公而营建的周公庙（国六），以及为民间纪念治水能手而营建的九龙庙（国八）。

明清时代的古塔遗存，以老城区文峰塔（省四）、五顷寺双石塔（省八）和青龙寺塔（省八）为代表。

公共性建筑中，关林（国六）是洛阳保存最完好的古代纪念性建筑，保存完整且等级较高。文庙和城隍庙建筑中，等级相对较高、规模较大者有河南府文庙（国六）、河南府城隍庙（省四），等级相对较低、规模较小者有洛宁文庙（省三）、洛宁城隍庙（省三）等。潞泽会馆（国五）、山陕会馆（国六）及嵩县财神庙舞楼（省八）、嵩县城隍庙舞楼（市保），是公共服务、娱乐性建筑的代表。

民居以洛宁县的程氏旧宅（省四）、张氏旧宅（省四）和新安县薛村吕氏旧宅（省七）为代表。另外，洛阳地区还保存了几处较为精美的古牌坊，以偃师区的牛心山石牌坊（省四）为代表。

白马寺（国一）

白马驮经事已空，断碑残刹见遗踪。

白马寺航拍（李琼／摄）

地　　址	瀍河回族区白马寺镇洛白路
开放时间	4月1日—10月7日，7:40—18:40，7:40—18:00（齐云塔院） 10月8日—次年3月31日，8:00—17:30，8:00—17:00（齐云塔院）
收费情况	收费
路线推荐	参考线路12（P600）

　　白马寺始建于东汉永平十一年（68），是佛教传入中国后兴建的第一座官办寺院，有中国佛教的"祖庭"和"释源"之称。

　　白马寺在历史上曾经进行过多次重建和维修，现存建筑主要为明清修复，由白马寺本院和齐云塔院两部分组成。明嘉靖三十四年（1555）的大规模整修，大体上奠定了现今白马寺的规模和布局。现已经开发为景区，对公众开放。

白马寺本院鸟瞰（李琼／摄）

白马寺本院 ▎

    白马寺本院自南向北依次为白马寺山门、天王殿、大佛殿、大雄殿、接引殿和清凉台（台上有毗卢阁等建筑），中轴线建筑群两侧营建有厢房等附属建筑。

山门全景（林赵成／摄）

宋代石马（林赵成／摄）

山门黄肠石上的工匠题名（坩埚蛋糕／摄）

山门

　　山门外有两匹宋代的石雕马，原在永庆公主（宋太祖赵匡胤之女）驸马、右卫将军魏咸信的墓前，1935年前后放置至现在位置。山门拱券及部分大殿墙壁建筑使用了东汉时期的黄肠石和其他建筑材料，建筑材料上东汉工匠题名等文字清晰可见。山门内两侧各有一座高僧墓，相传是东汉明帝时期携带大量佛经来到东汉传播佛教的天竺名僧摄摩腾、竺法兰的墓葬。

名僧墓（赵天一／摄）

名僧墓（高俊卿／摄）

天王殿外观（林赵成／摄）

天王殿内部（严卫／摄）

天王殿背面（关振民 / 摄）

天王殿 ▎

　　天王殿为白马寺第一重大殿，建于明代，后世重修，殿内梁上尚存民国时期维修题记。面阔五间，进深四间，单檐歇山顶。

　　殿内正中有贴金木质佛龛，为清代作品。正中供奉的大肚弥勒和尚是明代造像，采用了夹纻干漆工艺。两侧供奉四大天王，为经后世重修的清代泥塑作品。天王殿背后供奉韦陀，面对大佛殿而立。

　　天王殿在建筑重修过程中使用了东汉时期的黄肠石作为材料，现在殿壁上的梯形青石便是相关遗存。

明代弥勒像（严卫 / 摄）

大佛殿外观（许琰琛／摄）

殿内主尊（严卫／摄）

明代观音像（高俊卿／摄）

明代大钟（林赵成／摄）

大佛殿

　　大佛殿为白马寺的第二重大殿。明代建筑，后经重修。面阔五间，进深八架椽，单檐歇山顶。殿壁使用的梯形青石应为东汉时期的黄肠石。

　　殿内另供造像七尊：释迦牟尼、迦叶、阿难、文殊菩萨、普贤菩萨（以上为明代彩塑残留，后世重修）、供养人两尊。有明代大钟一口，与洛阳鼓楼大钟同时铸造。旧时，两口钟有一口敲响，另一口也会产生共鸣，有"西边撞钟东边响，东边撞钟西边鸣"之说。

　　殿背后有明代倒座观音一尊。

大雄殿外观（吃土君／摄）

大雄殿内部（亦慕凡／摄）

大雄殿▎

　　大雄殿为白马寺的第三重大殿，建于元代，明清重修。面阔五间，进深四间，悬山式建筑，殿前有月台。

　　殿内有清代双层贴金木雕佛龛，内供奉三世佛，两侧有韦陀、韦力天将。殿中东西两壁供奉十八罗汉，是全国仅存的元代夹纻干漆罗汉组像。殿背后供奉伽蓝菩萨，为元代泥塑作品。

韦力天将（高俊卿／摄）　　　　　　　　　韦陀天将（高俊卿／摄）

知识链接

夹纻干漆

　　夹纻干漆是一种传统手工技艺。用这种工艺进行塑像的流程十分复杂，需要先用泥塑成胎，之后用漆将麻布贴在泥胎外面；待漆干后，反复再涂多次；最后将泥胎取走，外层的硬壳便凝结成为坚固的形象。用这种方法塑出的像，神态逼真、质地轻盈，十分珍贵。由于工艺繁复，夹纻干漆技艺曾经一度失传。

　　白马寺现存夹纻干漆造像共计 24 尊，均为元明时期作品。这些造像是 1973 年自北京故宫慈宁宫大佛堂调拨而来的，具有极高的历史、艺术价值，其中，供奉于大雄殿的元代十八罗汉造像是国内仅存的元代夹纻干漆罗汉组像。

　　这 24 尊造像中，除弥勒佛造像供奉于天王殿内，其余均供奉于大雄殿中，包括殿内的三世佛、韦陀韦力天将、十八罗汉，总计 23 尊。

伽蓝菩萨（亦慕凡／摄）

十八罗汉像（严卫／摄）

十八罗汉像（高俊卿／摄）

摩诃劫宾那尊者（高俊卿／摄）

摩诃俱浠罗尊者（高俊卿／摄）

迦理迦尊者（高俊卿／摄）

伽留陀夷尊者（高俊卿／摄）

伐阇罗弗多罗尊者（高俊卿 摄）

伽耶舍那尊者（高俊卿 摄）

周利槃陀伽尊者（高俊卿 摄）

宾头卢颇罗堕尊者（高俊卿 摄）

接引殿内部（关振民／摄）

寿桃（关振民／摄）

接引殿

接引殿是白马寺的第四重大殿，现存建筑建于清光绪年间。面阔三间，进深两间，硬山式建筑。殿内供阿弥陀佛及观世音、大势至二菩萨像，为清代泥塑作品。接引殿前的"寿桃"可能是早年的塔刹或经幢的组成部分。

清凉台上众建筑俯视（李琼/摄）

清凉台▍

　　清凉台位于白马寺中轴线上，相传为汉明帝刘庄避暑、读书处。现存砖砌高台为明嘉靖三十四年（1555）重修。经考古钻探，清凉台原有夯土台基面积4235平方米，是现存面积的3倍。台下发现有唐代石柱础，推测唐代时已有依靠土台的木结构高阁。入口处券洞上所嵌"清凉台"石匾为民国遗物，券洞主体在建造时使用了东汉黄肠石作为建筑材料。

唐代石柱础（严卫/摄）

毗卢阁（唐时星光／摄）

　　台上现存建筑有毗卢阁、上僧院、摄摩腾殿、竺法兰殿等。毗卢阁为白马寺中轴线上最后一重建筑，明代修建，面阔五间，进深八架椽，重檐歇山顶。内供奉摩诃毗卢遮那佛（大日如来）、文殊菩萨、普贤菩萨，三者合称为"华严三圣"。阁内两侧小佛均为香灰塑形贴金作品。

洛京白马寺释教源流碑记（吃土君／摄）

齐云塔（林赵成／摄）

齐云塔院鸟瞰（李琼／摄）

齐云塔全景（宋万雍／摄）

齐云塔细节（赵天一／摄）　　　　　　　　金碑（林赵成／摄）

齐云塔院

　　齐云塔院，因院内有齐云塔而得名。齐云塔，本名"释迦舍利塔"，相传初建于东汉，现塔为金大定十五年（1175）重修，是一座叠涩密檐式十三级砖塔，是中国现存较为完好的金代砖塔。

　　齐云塔院内现存记录了齐云塔和塔院沿革的历代石碑，其中，重要的有金大定十五年（1175）的《大金国重修河南府左街东白马寺释迦舍利塔记》、明嘉靖三年（1524）的《重修白马寺塔记》和1911年的《释源大白马寺齐云塔灵异记》，这些石碑具有重要的历史和文物价值。

五花寺塔（国七）

古塔耸昌谷，悠然愈千年。

五花寺塔鸟瞰（宋万雍／摄）

地　　址	宜阳县三乡镇陶三路（近三乡一中）
开放时间	全天开放
收费情况	无
路线推荐	参考线路28（P632）

　　五花寺塔，又称"五华寺塔"，为五花寺仅存建筑。最初营建时代不详，旧志记为唐塔，经鉴定其应为宋代建筑，在建造过程中使用了部分唐代建筑材料。也有学者认为，五花寺塔的前身是隋仁寿四年（604）所营建的熊州十善寺佛陀真身舍利塔，五花寺前身是隋唐时代的熊州十善寺（后改宝云寺、三乡寺）。

五花寺塔全貌（王学宾／摄）

　　五花寺塔是一座九级八角密檐式砖塔，坐北朝南，青砖、白石混砌，由塔基、塔身、塔刹三部分组成。

　　塔身一层较高，南面辟拱形券门。二层塔券门位于塔南侧，东、西、北三面饰双扇门，塔身每面均装饰有浮雕佛教造像。塔身三至九层外檐正反叠涩逐渐内收，整体轮廓呈优美的抛物线形。原塔刹遗失，现塔刹为后人补配物，呈宝珠状。

　　一层塔心室平面呈八角形，顶部为砖砌八角形覆斗，七层正叠涩藻井。现塔二层至九层中空，原塔应设有木楼板和木楼梯，现均已不存。内部的空筒式结构，在河南宋塔之中并不多见。

　　五花寺塔使用了形制较为罕见的檐下仿木构和菱角牙子叠涩檐两种出檐方式，外部佛龛造像具有典型的宋代雕刻手法，为研究豫西地区宋代古塔建筑形制及佛教文化提供了实物例证。

五花寺塔（王学宾／摄） 　　　大修前的五花寺塔（林赵成／摄）

塔细节（黑敔／摄）

砖刻浮雕现状（王学宾／摄）

砖刻浮雕现状（王学宾 / 摄）

砖刻浮雕现状（王学宾 / 摄）

两程故里（国六）

天地立心继千古圣学，生民立道开万世太平。

两程故里（刘雷／摄）

地　　址	嵩县田湖镇程村
开放时间	9:00—17:00
收费情况	免费
路线推荐	参考线路 32（P640）

　　两程故里，是宋代理学家程颢、程颐两兄弟著述、讲学的地方，遗迹一处是两程故里石坊，一处是两程祠。最早营建于宋代，现存建筑为明、清两代所留，其中，最大的一次复建工程于明弘治十三年（1500）进行。

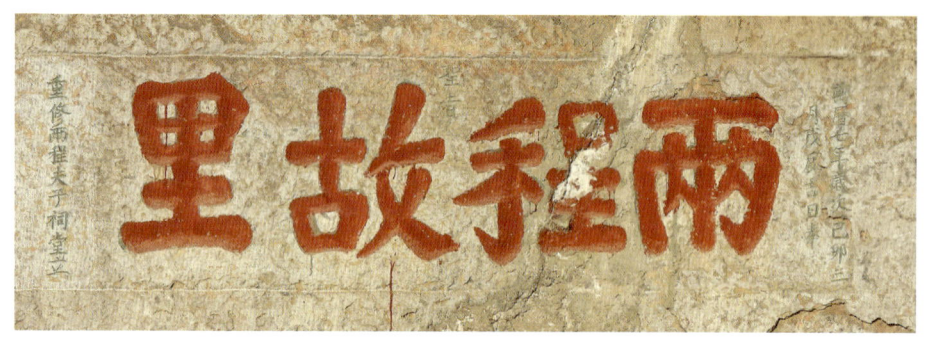

两程故里石坊（孙鹏飞 / 摄）

两程故里石坊细节（刘雷 / 摄）

两程故里石坊

　　两程故里石坊，始建于明天顺六年（1462），万历七年（1579）重建。中门楣上嵌额坊，上刻"圣旨"和"两程故里"，两侧门楣上各嵌一额坊，上刻立坊者官职及姓名。明代文、武官员到此，需要下轿、下马，以表达对程氏兄弟的崇敬。

两程祠鸟瞰（邵世海／摄）

两程祠

两程祠坐北朝南，大门由正门和两个侧门组成，正门即"棂星门"，始建于明弘治十三年（1500），保存一对明代石狮。诚敬门是第二道门坊，建于明代。

道学堂是祭祀两程的正殿，是两程故里的主体建筑。单檐九脊殿，里面设落地罩，供奉程颢、程颐塑像和牌位，上挂宋理宗敕封"理学亢宗"匾额、清圣祖（康熙帝）钦赐"学达性天"匾额和清高宗（乾隆帝）钦赐匾额。清光绪帝、慈禧太后游洛阳龙门时，特派礼亲王世铎拜谒两程祠，并御书"伊洛渊源"和"希踪颜孟"两块匾额，分别悬挂在堂内东西梁下。

正殿两侧有东西庑房，东庑匾曰"和风甘雨"，西庑匾曰"烈日秋霜"，系南宋哲学家、教育家朱熹所题，赞为师淳厚和师道尊严。

诚敬门外观（邵世海／摄）

石碑（邵世海／摄）

石碑（邵世海／摄）

道学堂外观（邵世海／摄）

道学堂内部（刘雷／摄）

灵山寺（国七）

经函露湿文多暗，香印风吹字半销。

灵山寺鸟瞰（刘雷／摄）

地　　址	宜阳县锦屏镇灵山北麓
开放时间	8:00—17:30
收费情况	收费
路线推荐	参考线路 27（P630）

　　灵山寺，原名报忠寺、报恩寺，又名凤凰寺。现存建筑大部分为金、明、清三代所留。相传周灵王安葬于此，故名其山为灵山，灵山寺也因此得名。

　　灵山寺由山门（门上有一阁）、天王殿、玉佛殿（又名大悲阁、中佛殿）、大雄宝殿、藏经楼等建筑构成。其中，玉佛殿和大雄殿是灵山寺的主体建筑，单檐歇山顶与庑殿顶式建筑，均系金代原始结构。

山门（孙鹏飞／摄）

玉佛殿背面（洛卡奇／摄）

大雄宝殿全景（洛卡奇／摄）

　　灵山寺坐南朝北，和多数中国佛寺朝向迥异。山门单檐歇山顶，形似城楼，上有阁房三间，始建于清康熙十年（1671），阁中供祀伽蓝菩萨。下有洞门，为寺院北门，门额上有著名佛学家赵朴初先生所题"灵山寺"匾额。

　　玉佛殿，又名大悲阁、中佛殿，始建于金代，明代重修，是一座歇山顶建筑。殿内原供奉观音像，后被毁，现供奉的是1992年从缅甸迎请回的三尊玉佛，中间为释迦牟尼佛，左为药师佛，右为阿弥陀佛。在玉佛殿东侧有一棵千年银杏树。

　　大雄宝殿，庑殿顶式建筑，庑殿顶基本保持了金代初建的样貌。殿内有五尊佛像，其中，三世佛为明代泥塑精品，高约五米。相传三尊佛像的原胎是用周灵王墓上的三棵大柏树就地雕成。

　　殿前有明代七级石塔一座，建于明成化十七年（1481），雕刻有佛像、菩萨像、罗汉像共计30余尊。西侧为僧众参禅之所，殿后围墙上镶嵌着历代名人游客吟咏灵山风光的诗赋28幅。

　　后部有藏经楼，上、下两层，上层藏经，下层为法堂。寺外东侧有闻名遐迩的凤凰泉，泉南翠柏之中掩映着灵山塔林，有20多座和尚墓塔。翠柏为灵山一大奇珍，这种柏树因剖面纹理很像鸟的形象而得名"灵山鸟柏"，极为罕见。

大佛殿内部梁架（洛卡奇／摄）

屋顶鸱吻（洛卡奇／摄）

明代七级石塔（王学宾／摄）

三世佛塑像全景（刘雷／摄）

三世佛特写（王学宾／摄）

塑像（宋万雍／摄）

塑像（宋万雍／摄）

大雄宝殿后壁及围墙（刘雷／摄）

塔林（孙鹏飞／摄）

祖师庙（国六）

立教开宗紫气东来三万里，著书传道函谷初度五千言。

祖师庙鸟瞰（李琼／摄）

地　　址	老城区北大街
开放时间	周二至周日 9:00—12:00，13:30—17:00
收费情况	免费
路线推荐	参考线路 8（P592）

　　祖师庙是洛阳地区一处重要的纪念性建筑，据《金元洛阳城池图》与《清代洛阳城关图》可知，该庙金元时期应已存在。

　　祖师庙在历史上曾经进行过多次复建和维修，清雍正元年（1723）和乾隆八年（1743）进行了两次大修。

大殿（孙鹏飞／摄）

《修真武庙碑记》局部
（南阳任侠生／摄）

庙内现存有前殿、大殿、东耳房，其余建筑为重修。大殿可能修建于元末明初，是典型的单檐歇山顶建筑，顶部以琉璃瓦装饰。原供奉"北方之神"真武大帝，后供奉道家先祖老子。大殿顶部的梁架结构，具有一些元代建筑的特征。其余建筑为清代建筑。

祖师庙内保存有几通清代石碑，其中，最重要的是立于嘉庆十八年（1813）的《修真武庙碑记》，记录了清代重修祖师庙并将其改为真武庙的过程。

现整体辟为洛阳老子纪念馆，系目前国内唯一的老子文化专题性展览馆。

殿内梁架（吃土君 / 摄）

殿内梁架修复题记（吃土君 / 摄）

河南府文庙（国六）

此日弥高还共仰，独惭卓尔隔帘栊。

河南府文庙鸟瞰（王腾 / 摄）

地　　址	老城区御路街 45 号
开放时间	无
收费情况	无
路线推荐	参考线路 6（P588）

河南府文庙，原名金昌府文庙，始建于金代，重修于明嘉靖六年（1527）。

建筑群原本有六进院落，现主体建筑犹存，主要有戟门、大成殿、后殿等十余座建筑。戟门、大成殿有金代建筑风格。

戟门（林赵成 / 摄）

大成殿（贺兰鹕鹕 / 摄）

戟门内部（林赵成／摄）

　　大成殿初建于金代，面阔五间，进深四间，
歇山顶，为文庙主体建筑。殿前为月台，两列
台阶镶嵌的一块精美的二龙戏珠青石丹陛石，
为洛阳不可多得的石刻精品。

　　庙内原有石碑数通，现存最重要的是清河
南府知府张汉重修河南府文庙时，留下的纪念
性石碑《新建学宫崇圣殿碑记》，以及镌刻朱熹
的《河图赞》《洛书赞》诗的二碑。

丹陛石（林赵成／摄）

关林（国六）

先师圣矣文心凭地载，汉寿神哉武德与天齐。

关林鸟瞰（关振民／摄）

地　　址	洛龙区关圣街东侧（关林景区）
开放时间	8:00—18:00
收费情况	收费
路线推荐	参考线路 11（P598）

　　关林相传是埋葬汉末名将关羽首级的墓地，是全国现存规模最大的纪念、祭祀关公的庙宇建筑群之一，在所有关帝庙中独称"林"，是我国唯一一座冢、庙、林三祀合一的古建筑群。主体建筑群始建于明万历年间，清乾隆年间加以扩建，现存的古代建筑为明清两代遗存。目前，已经开发为景区，对公众开放。

　　现存各种建筑 150 余间，按帝王宫殿式进行建筑布局，呈"回"字形结构。主要建筑群位于中轴线，依次为舞楼、大门、仪门、甬道、拜殿、大殿、二殿、三殿、墓园。在中轴线的两侧，还营建有配殿、厢房等建筑。

舞楼正面（赵天一／摄）

舞楼侧面（关振民／摄）

从大门看舞楼（关振民／摄）

东侧牌坊（吃土君／摄）

大门（林赵成／摄）

大门雪霁（关振民／摄）

舞楼建于清乾隆年间，因为二层檐下悬有"千秋鉴"三字匾额，故又称"千秋鉴楼"，是关林的代表性建筑之一。舞楼北侧是同样建于清乾隆年间的关林大门，门上有81颗金色乳钉（数量是中国古代等级最高），门前一对雕刻精美的石狮，是明代遗物。

东侧石狮（关振民／摄）

西侧石狮（吃土君／摄）

仪门（关振民／摄）

铜狮观雪（关振民／摄）

仪门匾额（吃土君 / 摄）

仪门和大殿鸟瞰（关振民 / 摄）

甬道（关振民／摄）

望柱狮子（关振民／摄）

望柱狮子特写（关振民／摄）

仪门始建于明万历年间，北侧为甬道，两侧护栏 36 个望柱上雕有 104 个石狮子，形态各异，是洛阳地区明代石雕的代表性作品。

甬道以北是关林最重要的主体建筑——拜殿和大殿，均初建于明万历年间，后代屡有修缮。两侧的钟楼和鼓楼都营建于清乾隆年间。

望柱（关振民／摄）

拜殿（关振民／摄）

关林拜殿西壁石刻（吃土君／摄）

拜殿位于大殿之前并与之相连，始建于明代，进深五间，是一组卷棚式建筑，是春秋大祭之时百官僚属谒拜之所。拜殿有匾额数块，其中，"声灵于铄"匾和"翊汉表绝学龙门并峻，扶纲伸浩气伊水同流"楹联为乾隆帝御书。拜殿西壁石刻记载了八国联军侵华、《辛丑条约》签订后，慈禧、光绪"西狩"回銮驻跸洛阳的史实。

拜殿、大殿匾额楹联（吃土君／摄）

大殿俯瞰（关振民／摄）

大殿祭祀（关振民／摄）

　　大殿是关林最大建筑，又称"启圣殿"。始建于明万历二十四年（1596），清顺治年间维修时将拜殿与大殿连为一体，中间有天沟一道。大殿面阔七间，进深三间，高20余米。正门上方高悬慈禧太后手书"气壮嵩高"匾，并有12幅浮雕木版画，内容均为《三国演义》中与关羽有关的故事。

大殿内塑像（关振民／摄）

大殿内部梁架（吃土君／摄）

二殿鸟瞰（关振民／摄）

二殿（关振民／摄）

二殿内部（关振民／摄）

二殿雪景（关振民／摄）

　　二殿，又名"财神殿"，始建于明万历年间，是关林现存建筑中年代较早的一座，是一座官式营造法式与民式建筑手法相结合的单位建筑，面阔五间，庑殿顶，该殿有匾额数块，其中，"光昭日月"匾为光绪帝御书。东西两侧还有两座配殿，亦为明清建筑。

三殿（关振民／摄）

旋生柏和结义柏（关振民／摄）

　　三殿，又名"春秋殿"，是关林的最后一座殿宇。现存建筑建于清嘉庆年间，殿前有旋生柏和结义柏两棵古柏。殿内中间塑坐姿状关羽像，左塑关羽夜读《春秋》像，右塑关羽卧像。

338

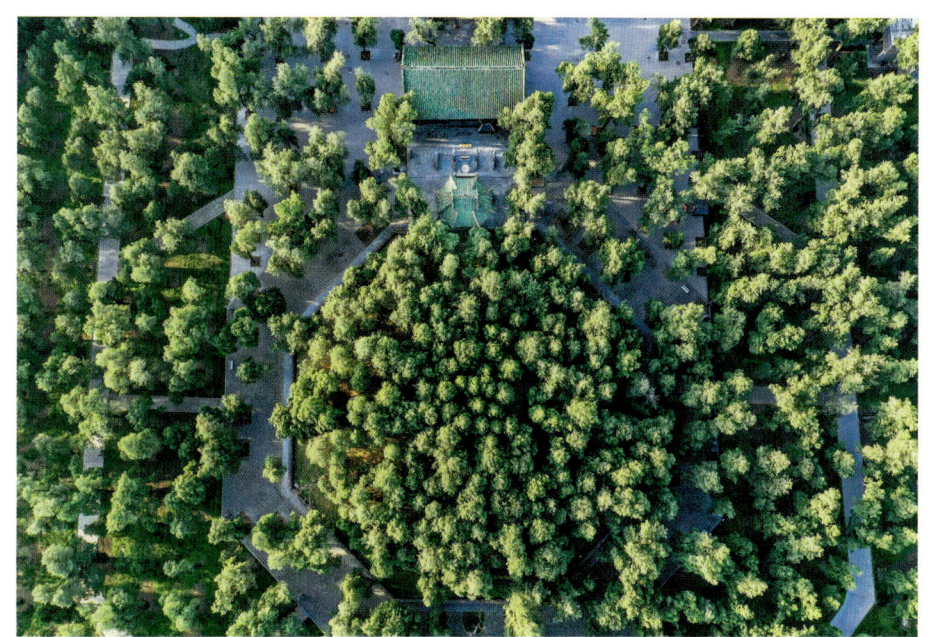

墓冢俯视（关振民／摄）

　　三殿后为关羽墓园，墓园由石牌坊、封敕碑亭、墓冢等部分组成。

　　墓园有两通建于明清时代的石牌坊，后为八角歇山顶封敕碑亭，里面竖立一通御碑。碑亭初建于清康熙年间，道光年间石碑正面被磨平重刻，碑阳刻有"忠义神武灵佑仁勇威显关圣大帝林"十五字，碑阴刻有康熙五年（1666）名臣董笃行撰写的《关圣帝君行实封号碑记》。

　　墓园内有相传埋葬关羽首级的墓葬，为一座圆丘状墓冢，被称为"关冢"，下有墓室。南墙有清康熙年间修筑的石墓门，门额为"钟灵处"，附近还散落着石马、石人等石刻。

两通石牌坊（王学宾／摄）

墓冢（王学宾／摄）

八角歇山顶封敕碑亭（严卫／摄）

石墓门（王学宾／摄）

御碑（严卫／摄）

"汉寿亭"碑（关振民／摄）

石狮（赵天一／摄）

斜眼狮子（关振民／摄）

魏咸信神道碑（吃土君／摄）

　　关林曾是洛阳石刻艺术馆所在地。该馆 1981 年开放，专门收藏洛阳历年来出土的石刻文物，有藏品近千件。现大部分藏品转移至洛阳博物馆收藏，部分仍在关林。魏咸信神道碑即该馆藏品。

洛阳周公庙（国六）

礼行四海经纬天地，乐奏八方震古烁今。

洛阳周公庙鸟瞰（王腾／摄）

地　　址	老城区五贤街北
开放时间	周二至周日 9:00—17:00
收费情况	免费
路线推荐	参考线路 5（P586）

　　洛阳周公庙，又称为元圣庙，是祭祀"元圣"周公姬旦的祠庙，全国三大周公庙之一。由隋末王世充于 618 年始建，现存建筑是明嘉靖四年（1525）在旧址上重建，万历四十七年（1619）重修的。国民政府迁洛时期，这里是考试院所在地。曾是洛阳都城博物馆所在地，现为洛阳周公庙博物馆。

山门（关振民／摄）

从元圣殿遗址看山门（关振民／摄）

　　周公庙建筑沿中轴线对称，形制严格。中轴线上建筑依次为山门、元圣殿遗址、定鼎堂、礼乐堂、先祖堂。

　　正门为单檐歇山顶，东西两侧耳房为悬山顶。鼓楼旁有800多年树龄的槐树，是洛阳的十大古树之一。元圣殿遗址所存明代石狮，雕刻纹理精细，刀法精湛。

元圣殿遗址（连周全／摄）

石狮（关振民／摄）

石鼓（关振民／摄）

周公庙俯视（关振民／摄）

定鼎堂鸟瞰（关振民／摄）

戴季陶书匾（重新粉刷前）（冯帅康／摄）

定鼎堂是周公庙里等级最高的建筑，面阔五间，单檐歇山灰瓦顶，绿琉璃瓦剪边，前有月台。明间门楣悬匾"定鼎堂"，系戴季陶所书。殿内供奉有周公、召公、毕公、伯禽、君陈五尊塑像，其中，伯禽塑像为明代原作，20世纪90年代清理主殿时于墙壁内发现。礼乐堂，又称为会忠祠，五开间硬山顶。先祖堂正堂供奉周公像，东西相对建有廊房，介绍周公营建洛邑的功绩。

周公庙保存有明清时期古碑数通，包括《戒石铭》《周公解梦》等。

■ 知识链接

周公与洛阳的渊源

周公，姓姬，名旦，又称周公旦。因他的采邑是"周"，故被称为周公。炎黄之后，孔孟之前，周公是唯一的圣贤，人称"元圣"。周公的主要功绩有辅佐武王伐纣、辅佐成王治国安邦，奠定周朝八百年基业、甘当臣子还政于成王等。

周公认为首都丰镐远离国家中心，于是营建成周城。成周成为了西周王朝统治东方的政治、经济和文化中心。周公在成周制礼作乐，奠定了中华文明的政治基础。

如今周公庙大门里面有一副对联"扶幼主，救乱世，创侯卫，奇功永生；筑洛邑，迁九鼎，制礼乐，德浩千秋"，这是对周公一生的评价。

定鼎堂（孙鹏飞／摄）

定鼎堂内部（赵天一／摄）

伯禽像（吃土君／摄）　　　　扶梁木题记（赵天一／摄）

礼乐堂（关振民／摄）

先祖堂（关振民／摄）

偃师兴福寺大殿（国八）

暮鼓晨钟声渐远，佛堂梵音绕梁悬。

偃师兴福寺大殿斜方全景（吃土君／摄）

地　　址	偃师区高龙镇高崖村高崖小学院内
开放时间	无
收费情况	无
路线推荐	参考线路 17（P610）

　　偃师兴福寺大殿，为明代兴福寺（当地民间称为"歇脚寺"）仅存的一处建筑。兴福寺始建于明正德四年（1509），建造人为逯通，后曾于清康熙年间两次重修，民国时期补修。

兴福寺大殿北侧（顾军／摄）

外部斗拱装饰（孙鹏飞／摄）

大殿坐北朝南，面阔三间，为单檐歇山顶建筑。主脊两端及正中饰有脊刹，垂脊和戗脊上饰各类小兽。墙壁和内部梁架上，保存有祥云、佛像等彩绘，色泽艳丽，画工精湛。值得一提的是，大殿内部东边通梁、西边通柱并不对称，但大殿结构非常稳固，这种设计在现存的中国古代建筑中并不多见。大殿西侧的地面上平放有石碑三通，所记载之内容均与兴福寺的兴建、沿革有关，可惜均有不同程度破坏，文字漫漶不清。

大殿内部（吃土君／摄）

大殿结构（赵天一／摄）

洛阳山陕会馆（国六）

爵迫王帝无贵贱皆宜顶礼，品是圣贤非忠孝漫许叩头。

洛阳山陕会馆鸟瞰（王腾 / 摄）

地　　址	老城区九都东路 171 号
开放时间	周二至周日 9:00—17:00
收费情况	免费
路线推荐	参考线路 7（P590）

　　洛阳山陕会馆，又称为"西会馆"，是清代山西、陕西两省商人在洛阳筹资营建的经商、聚会、社交场所。其始建于康熙、雍正年间，嘉庆、道光年间两次重修，是洛阳和整个豫西地区保存最完整的清代建筑群。

　　现存建筑有仪门、琉璃照壁、山门、舞楼、正殿、拜殿等。建筑群融合民宅、宫殿、庙宇等多种建筑的特点，以内容色彩丰富的木雕、砖雕、石雕装饰闻名，其中最有特点的是广泛采用的牡丹图案的雕刻。

琉璃照壁（关振民／摄）

　　会馆有东、西两座仪门。位于仪门之间的是会馆内最具代表性的建筑——琉璃照壁，高12米，宽13.2米，自下而上由青石座、壁身、绿色琉璃瓦顶三部分组成。正中用彩色琉璃方砖镶成三块方形壁面，其上雕饰二龙戏珠、花卉、人物等，图案精美，是河南西部最大、最完整的琉璃照壁。

山门（关振民／摄）

仪门与照壁（孙鹏飞／摄）

舞楼（严卫/摄）

正殿门口石牌坊底座（关振民/摄）

正殿（严卫／摄）

　　山门与琉璃照壁呼应，面阔三间，门上正上方刻着"河东夫子"四字。面阔五间的舞楼，其上的木雕装饰和彩绘图案精美而丰富。

　　正殿是会馆的中心建筑，面阔五间，进深三间，为歇山式高台建筑，殿前筑有月台。琉璃覆瓦，勾连斗拱，别具一格。还保存有完整的清代早期点金彩画。

　　馆内保存有一些重要的清代碑刻，如清道光年间的《东都山陕西会馆碑记》碑，咸丰年间的《山陕会馆关圣帝君仪仗记》碑，等等。碑文记载了山陕会馆营建、沿革的历史，具有很高的史学价值。

　　会馆现为洛阳万里茶道博物馆。

大殿斗拱（许琰琛／摄）

正殿内部（严卫／摄）

《山陕会馆关圣帝君仪仗记》碑（许琰琛／摄） 石狮柱础（许琰琛／摄）

木雕（吃土君／摄）

石狮（关振民/摄）

石雕牡丹（许琰琛/摄）

琉璃照壁砖雕牡丹（查杉/摄）

牡丹花形垂花木雕（许琰琛/摄）

木雕（关振民／摄）

牡丹花木雕与彩绘牡丹画（许琰琛／摄）

木雕（关振民／摄）

木雕（许琰琛 / 摄）

琉璃屋脊（关振民 / 摄）

知识链接

什么是会馆？

　　洛阳地区的会馆建筑主要是由山西、陕西的商人出资兴建的，这从名字里不难看出。会馆是旅居异地的同乡人（大多数是商人）或同一地区、同一行业的商人们共同出资建设的馆舍。会馆可以分为行业性会馆和地域性会馆两种，洛阳地区的会馆均属于后者。会馆"似庙非庙，似衙非衙，似宅非宅"，以馆址的房屋供同乡、同业聚会或寄居，有的还具有庙宇功能，是明清时期出现的一种新建筑类型，是商业经济发展的产物。以洛阳的山陕会馆、潞泽会馆为例，一般会馆具有照壁、正门、戏台、大殿、后殿、厢房等部分，有的还有牌坊。这里是同乡商人们在洛阳聚会见面的场所。

潞泽会馆（国五）

上枝似松柏，下根据铜盘。雕文各异类，离娄自相联。

潞泽会馆鸟瞰（李琼 / 摄）

地　　址	老城区九都东路瀍河左岸
开放时间	周二至周日 9:00—12:00、13:30—17:00
收费情况	免费
路线推荐	参考线路 6（P588）

　　潞泽会馆始建于清乾隆九年（1744），是清代洛阳地区山西潞安府、泽州府商人所建，所在地最初为关帝庙，现存大部分建筑保存了清代原貌。现为洛阳民俗博物馆。

　　潞泽会馆现存建筑有舞楼、大殿、后殿，另有东、西厢房，耳房，钟鼓楼和东、西配殿。

舞楼和钟楼（关振民／摄）

　　舞楼是潞泽会馆最具代表性的建筑，又名"悬鉴楼""八卦楼"，重檐歇山顶，和钟鼓楼连为一体，保存有大量精美的砖雕、木雕装饰，有"华夏古戏楼的典范之作"的美誉。

舞楼背面俯视（关振民／摄）

舞楼门口石狮子（关振民／摄）

舞楼门口石狮子（关振民／摄）

大殿俯瞰（关振民／摄）

大殿（关振民／摄）

舞楼八仙雕刻（关振民／摄）

衣锦还乡图（关振民／摄）

安乐农耕图（关振民／摄）

　　在每层建筑的构件上，特别是屋檐下边的木桁、额枋、斗拱、雀替、挡板、垂柱上，几乎都有木雕装饰。所有木雕均采用浮雕、透雕等雕刻技法，表现内容可分为人物、动物、花卉三大类。

　　人物中有八仙图，雕刻于舞楼东、西雀替上；有金甲神人图，雕刻于大殿明间额枋上；有衣锦还乡图，雕刻于大殿东次间额枋上；有安乐农耕图，雕刻于大殿西次间额枋上。

龙爪抓荷叶（关振民／摄）

灵禽瑞兽雕刻（关振民／摄）

　　动物中龙的木雕最多，尤其在大型的框架中。大殿东次间雀替上雕刻的龙最为典型，该龙爪抓荷叶，口含荷叶。其次是凤凰，形态各异。另外，还雕有麒麟、狮子、狻猊、马、羊、鹿等灵禽瑞兽。

麒麟（关振民／摄）

狻猊（关振民／摄）

松鼠和葡萄（关振民／摄）

牡丹（关振民／摄）

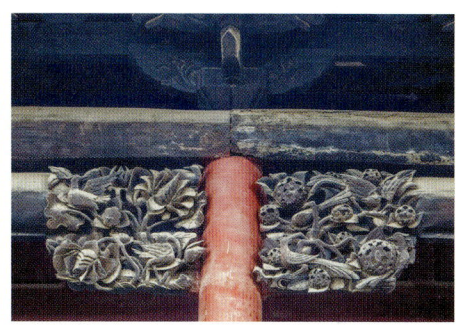

石榴（关振民／摄）

　　花卉中以牡丹的图案最多，还有寓意为"本固枝荣"的荷花，以君子之称的梅花等。值得一提的是，雕刻于后殿的葡萄，旁边配有灵动的小松鼠，构成一幅吉祥如意的画面。

　　另外，潞泽会馆内保存了众多精美石刻，大多为飞禽走兽与吉祥植物相结合，一动一静，交映生辉，产生出独特的艺术效果。

三组石柱础全景（关振民／摄）

三组石柱础背面（关振民／摄）

　　舞楼的三组石柱础，金睛兽、狮子、麒麟三兽的身躯部分各为方柱体，柱体上部刻有祥云，烘托出一朵硕大的八瓣仰莲，每个花瓣外又运用线刻技法刻出朵朵盛开的莲花。方柱体前分别雕刻三兽的头、胸和前腿，后面分别雕刻三兽臀部、尾巴和后腿。

最典型与完美的石柱础在大殿。前外檐六个石柱础尤具特色，石柱础图案皆由三层组成。上层为透雕、浮雕二龙盘鼓，中层系六瑞兽（幼象、幼羊、鹿、狮子、老虎、狻猊）钻桌透雕，下层为十二覆莲莲瓣纹，每瓣里面用浅浮雕刻出燕子、蜻蜓等纹饰。

另外，明福王府彩绘汉白玉狮子也保存在这里，这些石刻代表了洛阳地区明清两代高超的石雕艺术水平。

大殿石柱础（关振民／摄）

大殿石柱础（关振民／摄）

大殿石柱础（关振民／摄）

大殿石柱础（关振民／摄）

大殿石柱础（关振民／摄）

大殿石柱础（王腾／摄）

明代福王府彩绘汉白玉狮子（赵天一／摄）

后殿（关振民／摄）

石狮（查杉 / 摄）

正殿龙凤花脊饰顶（关振民 / 摄）

饰顶（关振民 / 摄）

新安洞真观（国八）

峨峨烂柯山，日夕生紫烟。仙人启洞府，涧水导其前。

新安洞真观鸟瞰（黑纹/摄）

地　　址	新安县铁门镇玉梅村
开放时间	9:00—18:00
收费情况	免费
路线推荐	参考线路24（P624）

　　新安洞真观是洛阳地区重要的明清道观遗存，保存有历代碑刻 60 余件。始建于元大德年间，在明成化、清乾隆、清咸丰年间进行过重建和维修，现存建筑多为明清两代所留。

新安洞真观鸟瞰（鸿慈永祐／摄）

建筑群坐北朝南，中轴线自南向北依次为山门、三清殿、官厅、玉皇殿，官厅东侧为厢房，西侧为王母殿、奶奶庙等建筑，玉皇殿两侧为道房。山门内遗存有四幅明清时期的壁画。主体建筑三清殿，面阔五间，进深三间，单檐歇山顶，两面坡琉璃瓦覆面，脊饰陶兽及半浮雕牡丹装饰。殿内梁架上绘有龙、云纹等图案，殿内尚存明清时期绘制的壁画 23 幅，保存较为完好。

山门（黑畋／摄）

山门内部（黑敉/摄）

山门内壁画局部（吃土君/摄）

三清殿正面（孙鹏飞／摄）

三清殿侧面（孙鹏飞／摄）

三清殿细节（吃土君/摄）

殿内梁架（吃土君/摄）

三清殿壁画（吃土君／摄）

三清殿壁画（黑敀／摄）

三清殿壁画（顾军／摄）

三清殿壁画（黑敀／摄）

道士修行石窟（顾军／摄）

真人王乔仙洞碑（吃土君／摄）

王乔仙洞题刻（顾军／摄）

　　新安洞真观南部现存五座道士修行石窟。其中，最大的为"真人王乔仙洞"，保存有元大德年间敕保道观的皇帝圣旨碑，刻有汉文、八思巴文碑文，加盖元成宗玺印，较为少见。

圣旨碑（吃土君／摄）

知识链接

王乔的传说

洞真观是为了纪念王乔而建造的，其所在的山叫烂柯山。相传有个樵夫叫王乔，他进山砍柴，遇到老者在下棋，王乔站在一旁观看。不知看了多长时间，王乔肚子饿了，就拾起二位老者扔在棋盘边上的野桃吃了一个，立刻感觉精神抖擞，胃肠饱满。王乔看棋时间长了，担心母亲挂念，便拿起斧头想要担柴回家，不料斧柄已经腐烂，砍的柴已成一堆灰了。他回到村庄，发现村里的房屋都变了样，村庄里的村民没有一个认识王乔。他问过村民才知道，一百年前，自己上山砍柴，一直未归。王乔知道自己遇到了神仙，急忙上山求他们收留自己为徒。两位神仙起身走到一个洞中，王乔随其走到洞口，瞬间烈焰骤起，神仙忽然不见，王乔犹豫了片刻没有进去，最终成了真人。烂柯山就是王乔成仙处，洞真观至今还保留着据说是王乔成仙的石洞。

古碑（吃土君／摄）

宜阳福昌阁（国八）

更上高亭问玄鹤，莫教诗眼有纤尘。

福昌阁鸟瞰（宋万雍／摄）

地　　址	宜阳县韩城镇迎宾大道北（近福昌村）
开放时间	9:00—17:00
收费情况	免费
路线推荐	参考线路 28（P632）

　　宜阳福昌阁始建于隋代，现存建筑重建于明代，清嘉庆二十四年（1819）曾进行过全面修葺。

　　现存建筑由燕塘书斋、山门、福昌阁，以及一些道教洞府组成。

福昌阁（王学宾／摄）

燕塘书斋（王学宾／摄）

　　燕塘书斋，始建于宋代，现存建筑为清代建筑，院墙上有十余通古碑，其中，最重要的一通是北宋名臣富弼所写的《燕堂记》石碑，其余为明、清两代重修碑记。书斋后是120余级阶梯，阶梯两侧分布着一些神仙洞府（道士修行石窟）。

　　山门，是典型的清代牌坊式建筑，中间两柱为雕龙柱，上覆琉璃楼顶。门额书"天一门"三个大字。

　　福昌阁，位于建筑群的最高点，歇山式重檐四方形建筑，即在重檐庑殿顶的北坡近顶处加一歇山顶，形制极为罕见。四周斗拱，飞檐翘角垂挂悬铃。阁顶黄绿琉璃瓦覆盖，东、西脊各有一大龙吻。正面雕花门窗，是洛阳地区清代官式建筑的代表性作品。

山门（王学宾／摄）

福昌阁局部（黑昀／摄）

福昌阁大殿（宋万雍／摄）

福昌阁（许琰琛／摄）

特殊的建筑形式（黑敀 / 摄）

特殊的建筑形式（王学宾 / 摄）

偃师九龙庙（国八）

天地际成平，伊洛源流神禹绩。闾阎安耕凿，井田润泽帝尧心。

九龙庙鸟瞰（邵世海／摄）

地　　址	偃师区山化镇石家庄村
开放时间	需要许可
收费情况	无
路线推荐	参考线路 19（P614）

　　偃师九龙庙，是清嘉庆年间偃师当地船工为纪念治水能手黄守才、祈福船运平安而修建的庙宇，是偃师地区保存最完好的清代建筑群。

　　现存建筑沿南北向中轴线对称分布，有钟楼、鼓楼、偏殿、拜殿、正殿、后殿和耳房。

钟楼（黑攵/摄）

鼓楼（孙鹏飞/摄）

大殿外拜殿（邵世海/摄）

建于清光绪十八年（1892）的钟楼和鼓楼，是洛阳地区有代表性的双层歇山顶结构的钟鼓楼建筑。正殿建于嘉庆十六年（1811），砖木结构，面阔三间，进深三间。殿内正面悬挂有清慈禧太后所赐“威宣式遏”字样匾额，内部四柱六梁，脊檩上有“大清嘉庆十六年二月初三日创”字样。

拜殿及大殿（邵世海/摄）

　　正殿内保存着色彩鲜艳、题材丰富的建筑彩绘和壁画，其中包括内容为黄守才本人生平、事迹的壁画，具有较高的历史、艺术价值。

知识链接

黄守才的故事

　　黄守才，字完三，又字英杰，号对泉，人称黄大王、黄爷，明万历三十一年（1603）出生于偃师岳滩。他一生治水济民，著有《禹贡注疏大中讲义》《治河方略》等书。当时伊河与洛河经常泛滥，岳滩位于伊洛二河交汇之处，地势最低，几乎年年遭灾。黄守才决心治理水患，造福百姓。他认为"善治水者，惟思所以除水之害"，在实践中积累了丰富的治水经验。一次，洛水、谷水暴涨。黄守才察看两河形势后，很快拿出治理方案，两天后洪水就退了。清顺治元年（1644），黄河封丘段金龙口决堤，黄守才仅用三天时间就解决了水患。第二年，金龙口黄河大堤再次决口，黄守才带人又一次将决口堵住。百姓们称赞黄守才"功并神禹"，是"活河神"。黄守才去世后葬于偃师，坟茔至今犹存。清康熙年间，他被追封为"灵佑襄济王"，并祀"金龙四大王"。嘉庆、道光、咸丰、同治、光绪等皇帝都对黄守才进行了追封。在民间，黄守才也早已被神化。他去世后，伊、洛河流域及黄河中下游沿河一带的人们，建起许多黄大王庙纪念他，至今还有不少。

拜殿阑额上的彩绘壁画（邵世海／摄）

砖雕（邵世海／摄）   砖雕（邵世海／摄）

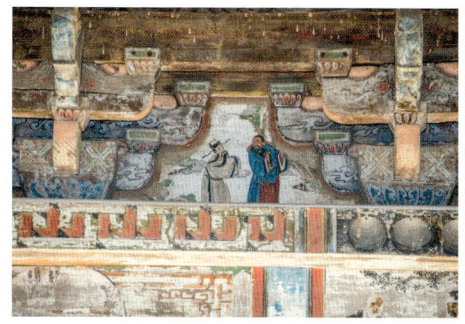

拜殿拱眼壁彩绘壁画（邵世海／摄）

拜殿拱眼壁彩绘壁画（邵世海／摄）

拜殿拱眼壁彩绘壁画（邵世海／摄）

拜殿拱眼壁彩绘壁画（邵世海／摄）

拜殿阑额上的彩绘壁画（邵世海／摄）

拜殿阑额上的彩绘壁画（邵世海／摄）

大殿脊檩嘉庆题记（邵世海／摄）

大殿斗拱上的龙头木雕（邵世海／摄）

大殿门口的斜拱和枋上的"河清海晏"（邵世海／摄）

大殿内笔形垂花（邵世海／摄）

大殿柱子上方彩绘金龙（邵世海／摄）

洛阳是我国石窟寺及石刻保存、出土数量最多，时代跨度最长的城市之一。上启东汉，下至民国，历朝历代在洛阳留下了众多的石窟寺及石刻。目前，洛阳有市级及以上石窟寺及石刻类文保单位 34 处，其中，国家级 6 处，省级 17 处，市级 11 处，另有 1 处年代待定石刻（豆府店碑刻）。按时代，可划分为东汉时期、北朝时期、隋唐时期、宋金元时期、明清时期。其中，有 3 处文保单位跨越了多个时期。闻名遐迩的龙门石窟（国一）是中国现存规模最大的石刻艺术宝库，被誉为中国石刻艺术的巅峰；千唐志斋（国四）收藏涵盖自西晋至民国的石刻，其中，尤以唐代墓志最为突出，是中国最重要的墓志收藏地之一，有"石刻唐书"之誉；书石出处碑（省五）跨越宋、清两代，为"河图洛书"这一古老传说赋予了文字传承。

东汉时期 1 处，即被归入邙山陵墓群的子项象庄村石象（国八）。石象或是东汉帝陵神道仅存的石刻。

北朝时期共 11 处，全部为石窟寺或造像碑。孝文帝迁洛后，河洛地区以龙门石窟为中心，兴起了开窟造像的热潮，水泉石窟（国七）、万佛山石窟（国七），虎头寺石窟（省二）、西沃石窟（省二）、铺沟石窟（省二），吕寨石窟（市保）、石佛寺石窟（市保），多是相关产物。另外，大量造像碑也应运而生。寺沟造像碑（省一）、平等寺造像碑（省一）等也是这股礼佛热潮中的遗存作品。

隋唐时期共 3 处。这一时期是洛阳历史上的兴盛阶段。唐恭陵（国五）的石刻部分是盛唐陵墓石刻的杰作；升仙太子碑（国六）展现出武则天的雄心壮志；大唐三藏圣教序碑（省一）对于初唐佛教研究具有重要价值。

宋金元时期共 6 处。大宋新修会圣宫铭碑（国七）被誉为"中州第一碑"，是北宋皇室营建宫室、往来谒陵的直接见证；石保吉、石保兴墓碑（省四）、宋故赠中书令良僖李公神道碑（省五）和程震墓碑（省八）是不可多得的墓前巨碑；洛京缑山改建先天宫记碑（省五）屹立田间，记录下道教在缑山的兴盛；司马光摩崖题记（市保）是为数不多的与司马光本人有关的遗迹。

明清时期共 12 处。福王府石狮（省五）是明代福王朱常洵在洛阳营建的王府的遗物；拟山园帖石刻（省二）是王铎书法的精华；孔子入周问礼碑（省五）立于县文庙旧址，是"入周问礼"这一历史故事的最佳注脚；防旱碑记（省一）、焦村记叙荒年碑（市保）记录了清末旱灾的惨状。

龙门石窟（含白居易墓）（国一）

精舍绕层阿，千龛邻峭壁。

龙门石窟鸟瞰（王腾／摄）

地　　址 洛龙区龙门石窟街道
开放时间 2月1日—3月31日 8:00—18:00；4月1日—10月7日 8:00—18:30；
10月8日—10月31日 8:00—18:00；11月1日—次年1月31日 8:00—17:00
收费情况 收费
路线推荐 参考线路 11（P598）

　　龙门石窟（含白居易墓），位于洛阳以南伊河两岸的龙门山上，与敦煌莫高窟、云冈石窟并称为中国三大石窟。现存窟龛 2300 多个，碑刻题记 2800 余品，造像近 11 万尊，是世界上造像最多、规模最大的石刻艺术宝库。2000 年，被联合国教科文组织列入《世界遗产名录》。龙门石窟是印度佛教艺术与中国传统文化相结合的典范。

龙门西山全景（王腾／摄）

龙门潜溪寺至摩崖三佛龛老照片（关野贞／摄）

　　龙门石窟始凿于北魏太和十七年（493）前后，北魏与唐代是大规模开凿营建的时期，之后直至清代仍有开凿加补。主要营造群体是皇室、官僚、僧侣及平民。北魏的洞窟与云冈石窟联系密切，窟型主要有马蹄形、穹隆顶和方形三壁三龛式，造像较为清秀，题材多见释迦、交脚弥勒菩萨、三世佛、释迦多宝、维摩文殊，此外还有大量浮雕，代表性洞窟有宾阳中洞、古阳洞、莲花洞、皇甫公窟等。唐代（含武周）流行圆形或圆角方形的列像窟，造像较为丰满，题材除释迦和三世佛外，还流行阿弥陀佛、观世音菩萨等反映佛教宗派的题材，代表性洞窟有大卢舍那像龛、宾阳南洞、看经寺、万佛洞等。龙门石窟营建时间长、营造规模大、影响阶层广、表现形式多、艺术水平高，具有极其重要的价值。

　　龙门石窟保留有北魏至民国的大量碑刻题记，它们是历史、艺术等的重要载体。这些碑刻题记中，较有代表性的有"龙门二十品"、《伊阙佛龛之碑》、《龙门铭》等。

　　白居易墓位于香山琵琶峰顶，相传为唐代文学家、大诗人白居易的身后之所。白居易对龙门十分眷恋，死后也安葬于此。

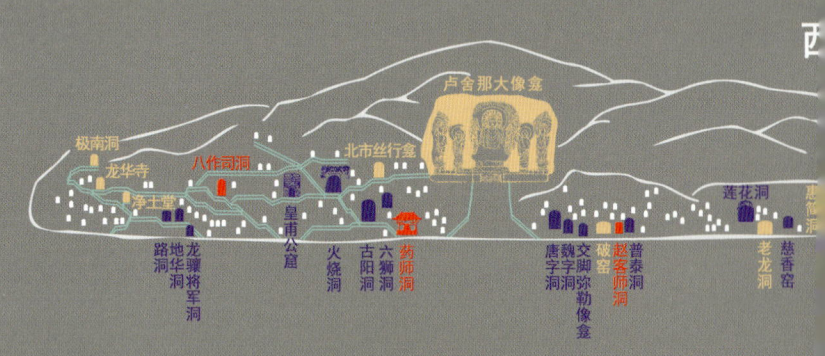

卢舍那大像龛

西

极南洞
龙华寺
八作司洞
北市丝行龛
莲花洞
唐
净土堂
慈香窑
路洞
皇甫公窟
药师洞
老龙洞
地华洞
龙骧将军洞
火烧洞
古阳洞
六狮洞
唐字洞
交脚弥勒像龛
破窑
普泰洞
赵客师洞
慈香窑

东山石窟

高平郡王洞
吐火罗僧龛
擂鼓台中洞
擂鼓台南洞
擂鼓台北洞
西方千手净土眼观音变龛
二莲花北洞
四雁洞
看经寺
二莲花南洞

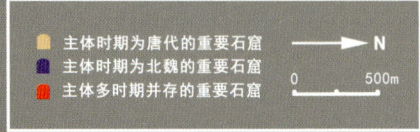

主体时期为唐代的重要石窟
主体时期为北魏的重要石窟
主体多时期并存的重要石窟

N

0   500m

龙门石窟布局示意图

山石窟

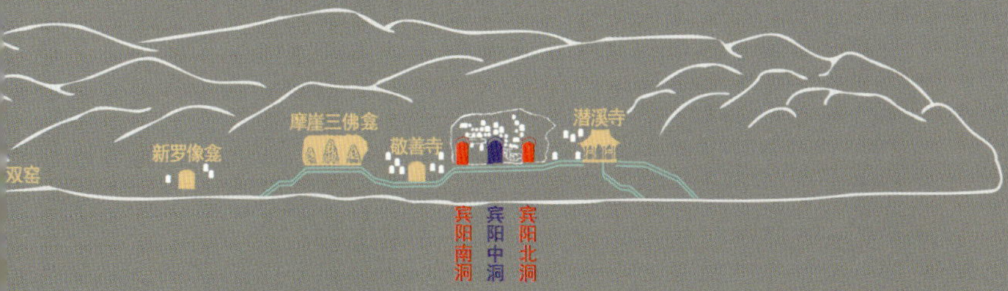
双窑
新罗像龛
摩崖三佛龛
敬善寺
潜溪寺
宾阳南洞
宾阳中洞
宾阳北洞

香山寺

白居易墓园

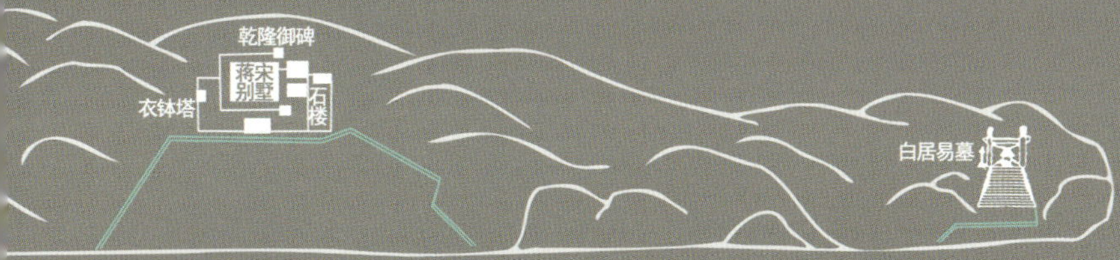
乾隆御碑
蒋宋别墅
石楼
衣钵塔
白居易墓

潜溪寺（邵世海／摄）

潜溪寺 ▎

　　潜溪寺，又名"斋祓堂"，位于龙门西山北端，是进入龙门后见到的第一个大型洞窟。大约开凿于唐高宗初期，窟型为前庭后室，前庭平面为长方形，后室平面为横长方形，穹隆顶，窟顶藻井为一朵浅刻莲花，窟内造像主要为一佛、二弟子、二菩萨、二天王。造像运用了圆刀刀法，技法娴熟，规模宏伟。

　　一佛为阿弥陀佛，与两侧的观世音菩萨、大势至菩萨合称"西方三圣"，是净土宗供奉的对象，是初唐时期净土宗信仰盛行的实证。

　　主尊阿弥陀佛像高7.8米，波状发髻，着褒衣博带袈裟，袒胸盘膝正坐于须弥方座上，面相饱满，手施无畏印。二弟子像神情逼真，特点鲜明。二菩萨像头顶的花蔓冠中央分别雕刻化佛和宝瓶作为身份标识，姿态端庄，装饰华丽，是龙门石窟初唐时期菩萨像的代表。二天王像高颧大目，身披铠甲，足踏夜叉，威武有力。

　　潜溪寺与牡丹之间也存在关系。相传牡丹中的名贵品种"火炼金丹"最早正是来自潜溪寺。

潜溪寺藻井（吃土君／摄）

大势至菩萨（吃土君／摄）

主尊阿弥陀佛像（许琰琛／摄）

宾阳三洞全景（王腾／摄）

宾阳中洞（严卫／摄）

宾阳三洞

宾阳三洞位于潜溪寺以南，旧称"灵岩寺"，《魏书·释老志》对其开凿有明确记载。"宾阳"，意为迎接初升的太阳。其分为中、南、北三个洞窟，始建于北魏宣武帝时期，属功德窟性质。北魏时期仅有中洞完成，南、北二窟完成了洞窟开凿和部分装饰工作，主体造像至初唐完工。

宾阳中洞是北魏皇家艺术的代表，营造历时 24 年。该窟平面为马蹄形，穹隆顶，窟外有力士像，窟顶雕刻莲花宝盖和飞天。窟中共 11 尊大像，为三世佛题材。由于北魏时期崇尚以瘦为美，主尊释迦牟尼佛像面颊清瘦，脖颈细长，体态修长，衣纹密集，服饰上没有沿用云冈石窟佛像常着的偏袒右肩式袈裟，而改着宽袍大袖袈裟，雕刻手法采用平直刀法，两侧有二弟子像、二菩萨像。

北壁听法众人（局部）（吃土君／摄）　　　北壁主佛（邵世海／摄）

南壁（严卫／摄）

南壁立佛及胁侍（吃土君／摄）

　　洞中前壁南北两侧，自上而下有四层精美的浮雕。第一层是以《维摩诘经》故事为题材的浮雕，叫作"维摩变"；第二层是两则佛本生故事；第三层为帝后礼佛图；第四层为"十神王"浮雕像。地面上也有复杂装饰。

藻井（吃土君 / 摄）

中洞四层精美浮雕，选自《中国文化史迹》（第 2 辑），常盘大定、关野贞著

孝文帝礼佛图（张建宇／摄）

文昭皇后礼佛图（张建宇／摄）

　　帝后礼佛图即孝文帝及侍从礼佛图和文昭皇后及妃嫔礼佛图，描述了当年北魏孝文帝和文昭皇后礼佛的盛大场景，精美绝伦，具有极高的艺术和历史价值，但于20世纪30年代被盗往美国，现藏于美国纽约大都会博物馆和堪萨斯州纳尔逊艺术博物馆。

文殊问疾维摩诘之维摩诘部分（吃土君／摄）

大梵天浮雕像（王骏／摄）

供养人（吃土君／摄）

南洞南壁局部 （王学宾 / 摄）

宾阳北洞龙头柱础（邵世海 / 摄）

　　宾阳南洞是北魏未完成的洞窟，后被唐太宗子魏王李泰为其母长孙皇后追福而继续营建，唐贞观十五年（641）完工。主尊为阿弥陀佛，两侧有二弟子、二菩萨，窟中还有同时期或稍晚完成的小型造像龛，功德主覆盖社会各阶层。窟外有褚遂良书丹的《伊阙佛龛之碑》。该窟是造像风格过渡和石窟寺艺术发展的实证。

　　宾阳北洞也是北魏未完成的洞窟，后大约在唐太宗时期完工。主尊为阿弥陀佛，两侧有二弟子、二菩萨，窟外有天王像两尊，还有零星小龛。主尊阿弥陀佛像，高约 10 米，结跏趺坐，双手平分指天地手印且拇指断掉，呈现一种特殊的"剪刀手"手势。这种特殊手印极其少见。洞口两侧龙头柱础是北魏时期作品。

宾阳北洞全景（王腾／摄）

宾阳南洞（王骏／摄）

摩崖三佛龛（邵世海／摄）

摩崖三佛龛

　　摩崖三佛龛，位于龙门西山北部南端，武周时期开凿。整体为三世佛题材，龛内有七尊造像，其中，主佛三尊，因此被称为摩崖三佛龛。主尊为善跏趺坐的弥勒佛，坐在高台上，已基本完工；两侧的两尊立像仅凿出了石坯。再外侧的两尊佛像结跏趺坐，接近完工状态；最外两尊像也仅仅凿出了石坯。这为研究石窟开凿流程和工艺提供了珍贵的实物资料。

　　摩崖三佛龛有两个方面值得注意：第一，作为三世佛题材，以弥勒为主尊，相当罕见；第二，摩崖三佛龛是半成品。要解决这两个问题，就要结合摩崖三佛龛开凿的历史背景。该龛开凿于武周时期，武则天曾命人伪造佛经，宣传自己是"弥勒降世"，为其登基称帝制造舆论。武则天登基后又自称"慈氏"（即弥勒），推动了弥勒信仰的流行。之后，随着武周政权结束，该龛的工程中断，这种情况下，摩崖三佛龛呈现出未完成状态也就合乎情理。

万佛洞（林赵成 / 摄）

莲花藻井（邵世海/摄）

万佛洞

　　万佛洞位于龙门西山中部，完工于唐永隆元年（680），因洞内南北两侧雕有整齐排列的一万五千尊小佛像而得名，是龙门石窟少有的明确为女性功德主开凿的大中型洞窟。整个洞窟金碧辉煌，宛如西方极乐世界的理想国土，烘托出一种热烈欢快、万众成佛的气氛，也表现出女性特有的审美。

　　洞窟呈前后室结构，前室造二力士像、二狮子像，后室造一佛、二弟子、二菩萨、二天王像，是龙门石窟造像组合最完整的洞窟之一。

　　洞内主尊为阿弥陀佛，施无畏印端坐于双层莲花座上，面相丰满圆润，两肩宽厚，简洁流畅的衣纹运用了唐代浑圆刀的雕刻手法，莲花宝座的束腰部位雕刻有四位金刚力士。主尊背光上部左、右壁面雕刻有众多供养菩萨像，姿态各异，均坐于缠枝梗莲座上，为阿弥陀佛五十菩萨像（又称"五十二等身像""阿弥陀五十二尊曼荼罗""五通曼荼罗"，是阿弥陀净土的变相，象征西方极乐世界）。

窟内造像（邵世海／摄）

力士像（任昱／摄）

伎乐人特写（吃土君／摄）

出自万佛洞的唐代护法狮子，藏于美国波士顿美术博物馆（张建宇／摄）

窟顶为莲花藻井，环绕莲花为造像题记"大唐永隆元年十一月卅日成，大监姚神表，内道场运禅师，一万五千尊像一龛"，还有八个飞天。

在洞内南北两壁上雕刻有一万五千尊小佛像，两壁中间偏上部位各有一龛优填王像，两壁下侧各刻有六位伎乐人像。

洞外南壁的许州仪凤寺比丘尼真智造观音像是龙门石窟唐代众多菩萨像的精美范例。该像头部向右倾斜，手持净瓶，身体形成"S"形曲线，优美端庄，被誉为龙门"最美观音"。

许州仪凤寺比丘尼真智造观音像（高俊卿／摄）

莲花洞窟顶（邵世海／摄）

莲花洞

　　莲花洞，位于龙门西山中部偏南，因窟顶雕有一朵高浮雕的大莲花而得名。其开凿于北魏时期。

　　莲花出淤泥而不染，是佛教中的重要意象，因此，佛教石窟窟顶多以莲花作为藻井装饰。莲花洞窟顶藻井的高浮雕莲花规模硕大，雕刻精美，颇为罕见。

　　这朵莲花图案可分为三层，最凸起的一层是莲蓬，圆周做齿轮形，蓬面中央有一凹刻圆环，再向四周放射，如同波纹；第二层为双层莲瓣，周围有以忍冬纹组成的圆盘进行衬托；第三层雕刻六个供养飞天像，体态轻盈，细腰长裙，姿态自如。

明代伊阙题记及《佛顶尊胜陀罗尼经》（王骏/摄）

　　窟内正壁造一佛、二弟子、二菩萨像，主尊为释迦牟尼立像，着襃衣博带式袈裟，衣褶简洁明快。这是释迦牟尼外出讲经说法时的形象。二弟子像为浅浮雕，左侧弟子迦叶深目高鼻，胸部筋骨突兀，手持锡杖，艺术形象突出，其头部早年被盗，现藏于法国吉美博物馆。

　　莲花洞南北两壁的造像宛星罗棋布，密密麻麻。其中，莲花洞南壁上方的小千佛仅有2厘米高，生动细致，栩栩如生。南壁近洞口处有一通造像题记，可惜被后世开龛破坏。

　　莲花洞洞窟外北壁上有武周如意元年（692）史延福刻《佛顶尊胜陀罗尼经》，经文依稀可辨，据宿白先生考证为现知最早的《佛顶尊胜陀罗尼经》遗迹。明隆庆年间，河南巡抚赵岩在经文上方刻"伊阙"二字。

武周刻经纪年部分（吃土君／摄） 小千佛（邵世海／摄）

窟顶飞天（筱溪听泉／摄）

大卢舍那像龛全景（王腾/摄）

大卢舍那像龛俯视（王腾／摄）

卢舍那大佛仰视（刘雷／摄）

448

大卢舍那像龛夜景（王腾／摄）

大卢舍那像龛（奉先寺）

　　大卢舍那像龛，位于龙门西山中部，俗称"九间房"，开凿完成后被交给位于龙门山南侧的皇家寺院大奉先寺代管，因此，也被称为"奉先寺"。大奉先寺早毁，而大卢舍那像龛留存至今。大卢舍那像龛是龙门石窟中规模最大、最具代表性、艺术最为精湛的露天佛龛，形态各异、刻画传神的造像，代表了唐代乃至中国古代雕刻艺术的最高水平，是佛教艺术的光辉典范。

　　大卢舍那像龛，是唐高宗李治为其父唐太宗李世民荐福开凿，皇后武则天捐脂粉钱二万贯助建的，上元二年（675）完工。平面呈倒凹字形，摩崖敞口式。龛前三面设坛基，坛上正壁雕刻主尊卢舍那佛，两侧依次雕刻二弟子、二菩萨、二天王、二力士共九尊高 10 米以上的大像，此外，还有供养人像。

　　主尊卢舍那佛，即报身佛，是表示证得了绝对真理、获得佛果而显示佛智的佛身。结跏趺坐于八角束腰叠涩式莲座上，通高 17 余米，头高 4 米，是龙门石窟中艺术水平最高、规模最大的一座造像。头部有波状纹高肉髻，双耳长厚，垂及肩部；面部丰颐高额，面庞卵圆，嘴角含笑，颔首俯视；身披通肩袈裟，衣纹简洁流畅。头光呈圆形，内层是双层莲瓣，中间有佛像及忍冬纹、卷云纹等雕像和纹饰装饰；背光为火焰纹。佛座束腰部位雕刻有十三身神王像，大部已残损。佛座东南侧和北侧各有一方大龛的造像题记。

　　龛内其他造像也都具有极高的艺术水平，生动形象、特点鲜明、技法精湛。在大龛上方，有两条唐代人字形排水沟；龛壁上还有高力士等人为唐玄宗营造的等身阿弥陀佛群像和其他小龛。

卢舍那大佛特写（吃土君／摄）

力士像（王骏／摄）

菩萨像（筱溪听泉／摄）

河洛上都龙门山之阳大卢舍那像龛记（吃土君 / 摄）

张九龄撰唐赠陇西县君牛氏像龛记（王骏 / 摄）　　高力士题记（林赵成 / 摄）

皇甫公窟（邵世海／摄）

皇甫公窟

　　皇甫公窟，原名"石窟寺"，位于龙门西山近南端的半山腰处，由北魏胡太后母舅皇甫度于孝昌三年（527）出资开凿，是一座一次性完工且有明确纪年的中型洞窟。

　　石窟整体为方形三壁三龛式。窟门立面呈长方形，有精美的门拱、门楣、门额、门柱。窟檐仿木结构雕刻，屋脊上雕刻有金翅鸟。门柱两侧各有一尊力士像，南侧力士像的外侧有造像题记。正壁造像为一佛、二弟子、四菩萨，最外侧二菩萨为思惟菩萨。主尊释迦牟尼佛，着褒衣博带式袈裟，盘坐于方形莲花座上，左手施与愿印，且有六根手指。南壁壁龛为弥勒菩萨像，北壁壁龛为释迦多宝二佛对坐说法像。南、北壁下侧各有一幅礼佛图。东壁上方有五个小龛，中央三个为二佛并坐龛，两侧为立像龛。窟顶为高浮雕莲花藻井，四周有八身伎乐天像。地面为莲花主题。窟内还有其他雕刻，十分精美。

　　该窟的建造、设计和当时的皇室有着密切关联。皇甫公窟的主尊极有可能是参照了当时的皇帝北魏孝明帝的体格特征而进行的摹刻，左手的六指极有可能是对孝明帝形体的写真。这一点在礼佛图中也得到了印证。窟内礼佛图共有两幅，据相关研究，南壁可能为功德主皇甫度礼佛图，北壁为胡太后及孝明帝礼佛图。北壁主要人物为一贵妇和一少年，少年左手为六指。二者相互印证，证明皇甫公窟具有较为重要的地位，可能直接反映了北魏皇室礼佛的场景。

北壁礼佛图（筱溪听泉／摄）

窟楣（吃土君／摄）

六指特写（吃土君／摄）

453

古阳洞窟顶（吃土君／摄）

古阳洞

　　古阳洞，位于龙门西山南部，是龙门石窟开凿最早、时代延续最长、内容最丰富的一个洞窟，也是北魏皇室贵族发愿造像最集中的洞窟。北魏太和十七年（493）孝文帝迁洛前后，古阳洞就已经开始营建了。

窟内正壁（吃土君／摄）

　　窟内正壁造一佛、二菩萨像，是龙门北魏时期的代表作品。主佛为释迦牟尼佛，高肉髻，面相长圆，身躯较为瘦削，着褒衣博带式袈裟，施禅定印，结跏趺坐于方座上，背后有复杂的身光。胁侍菩萨像头戴宝冠，面容清秀，表情文静端庄，姿态优美。南北两壁有计划地开凿出三层大佛龛，其中，上两层的八个大型尖拱楣圆券形龛，主尊全是施禅定印的释迦牟尼佛，是古阳洞中最早的作品。八大龛完成后，洞内造像继续向南北两壁的上下壁面扩展，一直延伸至窟顶，同时由洞口向西扩展。这些造像龛的主尊以交脚弥勒菩萨和结跏趺坐释迦牟尼佛居多，均为孝文帝迁都洛阳前后的作品。无论大龛还是小龛，其造像都是"瘦骨清像"的典型代表，与云冈石窟造像风格相异，极富时代特征。各龛的龛楣和龛内佛像的背光及头光，富于变化，十分精美，表现了当时高超的雕刻和绘画技巧。

　　古阳洞是全国石窟中保存造像题记最多的洞窟，现存造像题记近七百方。著名的魏碑作品"龙门二十品"，其中，有十九品出于古阳洞。其字形端正大方、气势刚健质朴，结体、用笔在隶楷之间，以其独特的魅力受到国内外书法爱好者的青睐。

南壁特写（吃土君 / 摄）

北壁特写（吃土君 / 摄）

古阳洞题记（筱溪听泉 / 摄）

供养人礼佛图（筱溪听泉 / 摄）

458

尖拱楣圆券形龛（吃土君 / 摄）

北壁局部（筱溪听泉 / 摄）

龙门石窟全景（王腾／摄）

万佛沟 ▌

　　万佛沟，位于龙门东山，因佛龛密集、造像众多，所以被称为万佛沟。万佛沟是龙门石窟从盛唐到中、晚唐时期的一个造像中心，其造像数量大约占龙门唐代造像总数量的20%。

看经寺（邵世海／摄）

看经寺 ▌

　　看经寺位于万佛沟北侧，是东山规模最大的洞窟。这里的罗汉群像是我国最精美的唐代罗汉群像。其应为武周时期的禅窟，它和窟内祖师（罗汉）群像的出现，可能与同时期禅宗北宗法统之争的历史有关。

　　洞前有一座清代建筑，上刻"看经寺"三字。洞窟呈方形，平顶，洞口外两侧各有一高浮雕力士像。窟楣有两个飞天像，已模糊不清。窟顶有阴刻莲花和四飞天藻井。该窟正壁上没有主尊，而是在洞窟地面中央建坛，上置佛像供人祭拜。窟内大片壁面素净无装饰，仅在东、南、北壁壁基有一条罗汉群像浮雕带。这种不雕佛像仅雕罗汉的大窟，似是一大型禅堂，可能是禅宗主持开凿的。

看经寺（筱溪听泉／摄）

罗汉像（邵世海／摄）

　　罗汉群像浮雕带由二十九尊罗汉群像组成。这些罗汉像高 1.8 米左右，神态刻画细致入微，既统一，又富于变化，与《历代法宝记》中所记载的"西国二十九代"相合，应是佛教中从摩诃迦叶到菩提达摩所谓"二十九祖"的形象。其排列组合在整体统一、稳定中追求变化，显示节奏旋律，粗看千篇一律，细看千变万化。半侧面（四分之三面）的浮雕处理，既把罗汉刻画得栩栩如生，又展现了高超的艺术雕刻手法。

罗汉群像（邵世海／摄）

迦叶罗汉浮雕局部（田毅／摄）

高平郡王洞全景（王腾／摄）

高平郡王洞 ▎

　　高平郡王洞开凿于唐代，后因开窟功德主高平郡王武重规病逝而暂停。直至开元十六年（728），由香山寺上座比丘慧澄续建，但最终仍未能完工。

　　该洞窟在洞口外两侧比较广阔平坦的崖面上高浮雕两尊力士像，体现出人体艺术解剖的原理，雕刻技法运用自如，动态、气势也不落俗套，艺术形象基本保存完好，是唐朝力士形象的代表。窟内造像体现了唐代最流行的净土宗造像风格，群像以圆雕的风格，体现了并蒂五莲佛的形象。正壁中央伸出一枝粗莲梗，中间大莲朵上结跏趺端坐阿弥陀佛。左右两侧分别侍立着两位弟子，双手合十，站立在向两侧延伸的莲梗和莲朵上。观音、大势至二位菩萨也分别立于延伸出的两个莲朵上。

　　高平郡王，即武则天之侄武重规，曾担任天兵中道大总管、左金吾卫大将军，神龙元年（705）受封高平郡王。

千手千眼观音龛全景（王腾／摄）

西方净土变龛（王腾／摄）

千手千眼观音龛

千手千眼观音龛，开凿于唐代。龛内中央高浮雕观音立像，身体呈直立姿势，头顶束有高发髻，眉间刻出一眼，呈倒竖状；身躯周围呈放射状刻千手，每手掌刻一眼。应为佛教密宗题材造像。

西方净土变龛

西方净土变龛，位于万佛沟北崖，开凿于唐代，是根据佛教经典雕刻的西方极乐世界净土像龛。

龛内画面构图依《阿弥陀经》《无量寿经》雕刻，描绘的是阿弥陀佛居住的西方极乐世界。主尊为"西方三圣"，阿弥陀佛居中，两侧为观音和大势至菩萨，四周刻着眷属众圣和许多菩萨，上部浮雕菩提树、楼台宫阙、宝盖旗幡和飞舞的乐器等；下部刻着伎乐舞蹈，表现了西方极乐世界的景象。

相传这一佛龛由唐代著名诗人白居易出资开凿。白居易晚年笃信佛教，是净土宗的信仰者。《十六观经灵异记》中有这样的记载："唐白居易，官中大夫，太子少傅，舍宅为香山寺，号香山居士。晚年患风痹，出俸钱三万，绘西方极乐世界一部……顶礼发愿。"但是到目前为止，还没有确凿的证据证实该龛为白居易所建。

白居易墓（竹山听雨 / 摄）

白居易墓

　　白居易墓，位于香山琵琶峰上，相传是唐代著名文学家、大诗人白居易的墓葬，现被整修为"白园"。

　　白园为 20 世纪 80 年代在白居易墓的基础上扩展修建而成的纪念性园林，有听伊亭、乐天堂、诗廊、墓体区、日本书法廊、道时书屋等景观。乐天堂内有白居易塑像。主体部分为墓体区，是白居易墓冢所在地。墓前立有清代石碑四通，正前方的墓碑上刻有"唐少傅白公墓"六字。

　　白居易晚年在洛阳居住 18 年，他在龙门修香山寺、开八节滩，尤好龙门山水，曾说"洛都四郊山水之胜，龙门首焉"。生前常与好友在香山聚会，自号"香山居士"，组织"九老会"，死后也留下遗言安葬在龙门。

　　现在的这座白居易墓，极有可能是白居易的衣冠冢。据文献记载，白居易去世后被安葬于香山寺如满和尚塔旁。近年来，考古工作者对唐代香山寺遗址进行发掘，发现塔基两座，其中一座极有可能是如满和尚塔的基址。这意味着真正的白居易墓很有可能在后续的考古工作中被发现。

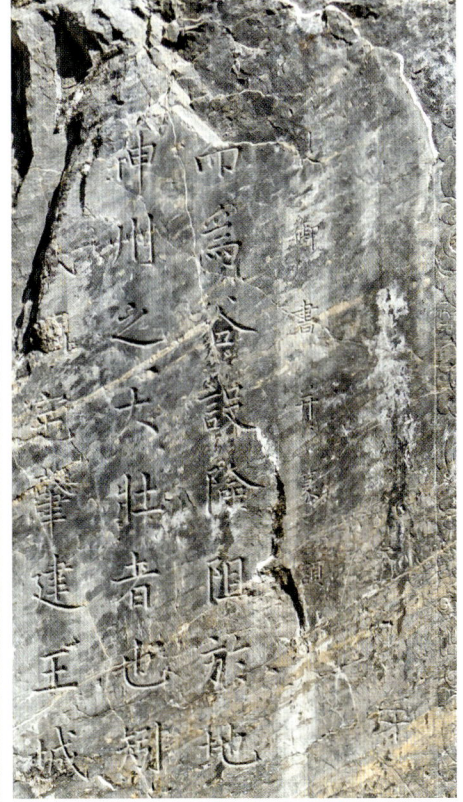

龙门铭（吃土君／摄）　　　　　　　龙门铭细节（王腾／摄）

碑刻题记

　　碑刻题记是龙门石窟的重要组成部分，在石窟范围内几乎随处可见。龙门石窟现保存有 2800 余方自北魏至民国的碑刻题记，居全国之最，主要可分为造像题记和游人题刻两种。

　　游人题刻是游人游览、礼拜时留下的题刻。《龙门铭》是龙门石窟游人题刻的代表，位于东山看经寺北，由宋真宗赵恒撰书，和《伊阙佛龛之碑》并称"两伊双璧"。除此之外，龙门还有乾隆御制诗碑等历代游记、题刻。

　　造像题记是造像活动的刊刻题记。龙门石窟的造像题记，多数为北魏和唐代的作品，其中较有代表性的，有"龙门二十品"和《伊阙佛龛之碑》。

《伊阙佛龛之碑》全景（王腾／摄）

472

《伊阙佛龛之碑》局部（吃土君／摄）　　　　　《伊阙佛龛之碑》拓片局部

　　《伊阙佛龛之碑》是魏王李
泰营造宾阳南洞的造像记，位于
宾阳南洞北侧，在北魏造像碑的
基础上刊刻。该碑由褚遂良书丹，
字大逾寸，在楷隶之间，方整宽
博，甚为工妙，是学习书法的优
秀范本。

麟德二年(665)宪台令史袁弘勖造观世音菩萨像记(吃土君／摄)

张师满造阿弥陀像记（吃土君 / 摄）　　　　乾隆御碑（王腾 / 摄）

药方洞药方局部（吃土君 / 摄）

474

杨大眼造像记（吃土君 / 摄）　　　　　　　　杨大眼造像记·民国朱色拓本

　　"龙门二十品"是清末在碑学盛行的背景下出现的概念，是对二十方北魏时期造像题记的统称，是魏碑书法的代表作。这二十方题记分别为《牛橛造像记》《一弗造像题记》《司马解伯达造像记》《始平公造像记》《北海王元详造像记》《孙保造像记》《孙秋生造像记》《杨大眼造像记》《魏灵藏造像记》《郑长猷造像记》《惠感造像记》《贺兰汗造像记》《高树造像记》《比丘法生造像记》《太妃侯造像记》《元燮造像记》《马振拜造像记》《元祐造像记》《比丘道匠造像记》《慈香造像记》。二十品中除最后一品位于慈香窑，其余均在古阳洞中。

　　清代黄易较早在龙门石窟拓碑四品，世称"龙门四品"，即《杨大眼造像记》《始平公造像记》《孙秋生造像记》《魏灵藏造像记》。

始平公造像记（吃土君／摄）

始平公造像记·民国朱色拓本

孙秋生造像记（吃土君／摄）

孙秋生造像记·民国朱色拓本

476

魏灵藏造像记（吃土君／摄）

魏灵藏造像记·民国朱色拓本

北海王元详造像记（筱溪听泉／摄）

北海王元详造像记·民国朱色拓本

香山寺鸟瞰（李琼／摄）

香山寺

    香山寺是唐代"龙门十寺"之首，始建于唐代，位于龙门东山南侧。香山寺最初为高僧地婆诃罗墓塔所在地，之后扩建为寺院，由武则天赐名为香山寺。武周圣历元年（698），武则天曾驾幸香山寺，游宴赋诗，令从臣武三思、沈佺期、宋之问、东方虬等赋诗应制，留下了"香山赋诗夺锦袍"的诗坛佳话。

　　自号"香山居士"的白居易十分喜爱香山寺，有"洛都四郊山水之胜，龙门首焉。龙门十寺观游之胜，香山首焉"的名句。唐太和年间，他出资重修香山寺，使香山寺又成为中晚唐时洛阳近郊著名的佛教寺院。白居易去世后，葬于香山寺如满和尚塔旁。元末，香山寺废弃。

香山寺（邵世海 / 摄）

　　清康熙四十六年（1707），洛阳地方官员将龙门东山北侧山腰间的旧寺加以修葺，命名为"香山寺"，这就是今天的香山寺。世人以这里为唐代香山寺旧址，实际上，这里是唐代乾元寺的旧址。乾隆帝曾巡幸香山寺，留下《香山寺二首》，其御诗碑尚存。

　　香山寺内还有二层小楼一座，名为"蒋宋别墅"。1936 年，蒋介石以"避寿"为名，来到洛阳部署军务，时任国民党中央陆军军校洛阳分校主任、洛阳地区警备司令的祝绍联合河南省府在香山寺内东南侧修建了这座二层小楼供蒋介石和宋美龄居住。1936 年 12 月，蒋介石、宋美龄由此出发前往西安，之后发生了"西安事变"。

蒋宋别墅办公室（王腾／摄）

蒋宋别墅二楼平台（王腾／摄）

龙门石窟研究院藏有一批石刻文物。这些藏品主要包括原置于洞窟中的可移动造像，保护和基建工程中出土的石刻文物，奉先寺遗址考古调查、发掘的石刻文物，回归龙门的被盗文物和由国家出资回购的龙门石窟流散石刻。

菩提瑞像（邵世海／摄）

火烧洞出土的浮雕飞天残像（王腾／摄）

奉先寺遗址出土的菩萨像（王骏／摄）

西山出土的力士像（田毅／摄）

擂鼓台南洞外侧出土的立佛造像
（王骏／摄）

水泉石窟（国七）

影中群象动，空里众灵飞。瑞莲生佛步，瑶树挂天衣。

水泉石窟窟内全景（王学宾 / 摄）

地　　址	伊滨区寇店镇水泉村
开放时间	全天，进入窟内需联系文保员
收费情况	免费
路线推荐	参考线路 22（P620）

　　水泉石窟是龙门石窟的"卫星窟"之一，开凿时代为北魏，具体时期尚无定论，主流观点认为在北魏宣武帝时期。此外，也有唐宋作品。

　　石窟共一窟，坐东朝西，系天然溶洞开凿，共刻大小佛龛 400 余个。

水泉石窟外观（筱溪听泉／摄）

摩崖题记（王学宾／摄）

摩崖题记拓片（局部）

窟外小龛（许琰琛 / 摄）

凤翼龛楣（吃土君 / 摄）

甬道北壁（筱溪听泉／摄）

第8龛（吃土君／摄）

甬道北壁上部（筱溪听泉／摄）

488

正壁二立佛（王学宾／摄）

　　窟外有北魏和唐代开凿的小龛。窟口外南侧有摩崖题记一通，系开窟时刊刻，记载了北魏洛阳地区的造像情况。除佛教造像外，窟口北侧有若干线画，这可能与水泉石窟位于大谷关北的交通要道上有关。

　　窟内造像由甬道部分造像、正壁造像、南壁造像和北壁造像组成。甬道部分有龛20余个，最大的为第8龛，该龛主尊为交脚弥勒，两侧文殊菩萨居左、维摩诘居右对坐，与常见布局迥异。相邻的第9龛将众多佛传故事组织在窟楣装饰中，构思巧妙。第24龛下有北魏熙平二年（517）纪年题刻，为窟中最早。

　　正壁仅有立佛两尊。北侧立佛双手残缺，似施说法印，立于覆莲台上；南侧立佛上半身残毁，但从残留部分看，衣纹与北侧立佛相似，形体略大。之所以出现二佛并立的情况，是因为岩壁中央有一条自窟底直至窟顶的巨大裂隙，无法开凿单一主尊。也有观点认为与该窟为皇帝、皇太后二人营建有关。

北壁局部（筱溪听泉／摄）

大统三年题记（吃土君／摄）

南壁（孙鹏飞 / 摄）

第 30 龛（吃土君 / 摄）

　　北壁有编号龛 31 个，其中，第 25 龛有西魏大统三年（537）造像题记。第 30 龛，以弥勒造像为中心，左右及上方刻有 14 个佛龛，最下方六位舞者，是杂密经籍中的六神王。

　　南壁有编号龛 78 个，主要为屋形龛和帐形龛，龛像规制并不固定，可能与供养人身份地位的差异有关。第 19 龛是南壁最大的佛龛，龛楣由七个莲花组成的饕餮衔璎珞装饰，纹路清晰，雕刻精美。这可能是水泉石窟中最早营造的一龛，应非平民所造。

交脚弥勒像（孙鹏飞／摄）

南壁细节（王学宾／摄）

南壁第 19 龛（筱溪听泉 / 摄）

万佛山石窟（国七）

云龛闭遗影，石窟无人烟。古寺暗乔木，春崖鸣细泉。

义邑礼佛图浮雕（刘雷／摄）

地　址	孟津区西霞院街道办事处柴洞村
开放时间	全天
收费情况	免费
路线推荐	参考线路 14（P604）

　　万佛山石窟，龙门石窟的"卫星窟"之一。应为北魏时期作品，分为上寺、下寺两部分。

　　万佛山石窟在 20 世纪遭到严重破坏，目前仅存六个洞窟，有毗诃罗窟和支提窟两种，造像 300 余尊，风化严重。最引人注目的便是上寺三个洞窟内保存的义邑礼佛图浮雕。义邑礼佛图是义邑成员参与开窟造像的纪念，在河洛地区北魏石窟中多有发现。万佛山石窟的礼佛图规模较大、保存较好、内容丰富，具有鲜明的时代特征，是研究北魏石窟文化和佛教文化的重要实物资料。

锣鼓洞现存的半截中心柱（吃土君 / 摄）

锣鼓洞背光残块（吃土君 / 摄）

下寺

下寺现存锣鼓洞和神游洞两个洞窟。

锣鼓洞为支提窟，现仅存半截中心柱。中心柱仅一面有雕刻，内容为一佛、二弟子、二菩萨，两侧有供养人形象，下方为狮子、供养比丘、香炉。附近散落有背光等部分的残块。

锣鼓洞中心柱局部（吃土君 / 摄）

神游洞北壁（吃土君／摄）

　　神游洞，因洞额刻有"神游洞"而得名，是以三世佛为主尊的毗诃罗窟。洞内北壁主尊为结跏趺坐、着褒衣博带式袈裟的释迦牟尼佛，并有二弟子像、二菩萨像。东、西二壁主尊为结善跏趺坐的过去、未来佛，并各有一菩萨像。这种不同坐式组合的三世佛像较为罕见。窟顶有莲花藻井。北壁弟子上方浮雕有思惟菩萨像，洞口内上方浮雕有维摩变相。北壁主尊下方刻有坚牢地神（或力士）、二添香比丘、二狮子。西、东壁上有礼佛图浮雕。洞口内侧，还有上中下三层礼佛图浮雕。

神游洞胁侍菩萨（吃土君／摄）

神游洞义邑礼佛图（吃土君／摄）

神游洞义邑礼佛图（吃土君／摄）

498

上寺外观（孙鹏飞 / 摄）

上寺

　　上寺现存大佛龛、莲花洞、双窟。

　　大佛龛位于上寺石窟群最西端，坐西朝东。高5米左右的主尊释迦牟尼佛立于覆莲座上，座下有狮子一对和莲花化生。主尊高肉髻，着褒衣博带式袈裟，两旁有胁侍菩萨像。

上寺大佛龛（张晓光 / 摄）

莲花洞造像（刘雷／摄）

　　莲花洞位于大佛龛东、双窟右窟西侧，为三世佛题材的毗诃罗窟，造像组合为一坐佛、二弟子、二菩萨，二坐佛、二菩萨、二力士。洞内佛像均风化严重。

莲花洞外观（吃土君／摄）

莲花洞地板雕刻（局部）（吃土君／摄）

窟内造像（孙鹏飞／摄）

窟内造像（吃土君／摄）

壁面菩提树及佛像（吃土君／摄）

503

北壁（吃土君／摄）

双窟位于上寺石窟群东端，分为左、右两窟，均为三世佛题材的毗诃罗窟。左窟门口有二力士像，窟顶为莲花藻井。窟内北壁为一佛、二弟子、二菩萨，东壁为弥勒菩萨，西壁为燃灯佛。东、西壁主尊下方有礼佛图浮雕。右窟造像组合和礼佛图安排与左窟相同，但在尖拱窟楣右上方刊刻有小千佛。

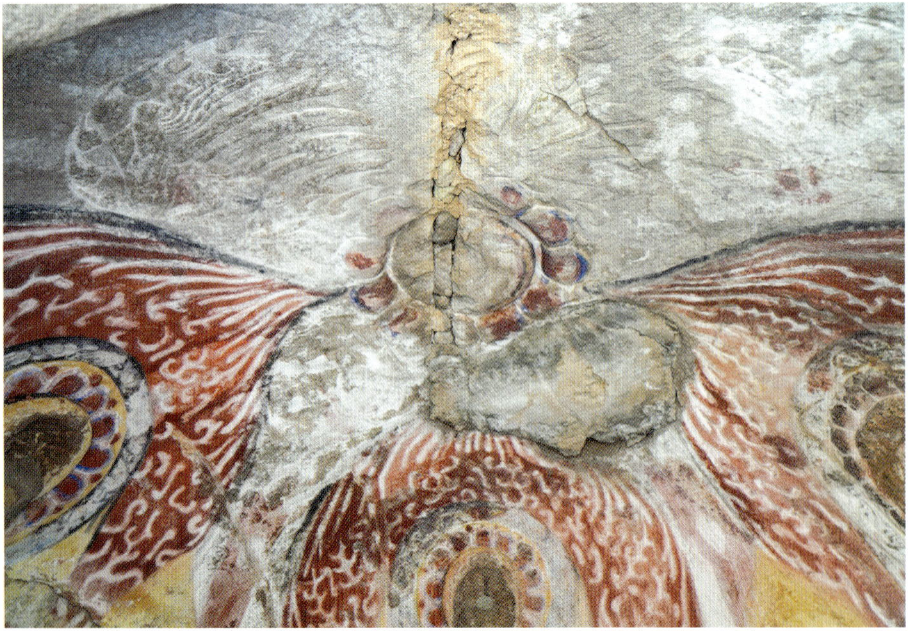

窟顶（吃土君／摄）

504

力士（许琰琛／摄）　　　　　　　　　　　佛像（吃土君／摄）

地面雕刻（吃土君／摄）

北壁（吃土君／摄）

双窟左窟义邑礼佛图（吃土君／摄）

双窟左窟义邑礼佛图（吃土君／摄）

知识链接

什么是义邑

　　义邑是北朝隋唐时期，中国北方以佛教信徒为中心，以营造佛像寺塔等宗教内容设施为机缘而结成的，由信徒出资营造并以其所造尊像为信仰中心组织而成的宗教信仰团体。义邑少则十数人，多则数百人。其领导者称为邑主，处理事务者称维那，收纳施财者称为化主，一般成员称为邑子。另有不属于特定义邑，而专司指导信仰之僧人，称为邑师。

　　义邑的作用最初以组织建造窟院寺塔和造像为主，兼行诵经、写经。至初唐以后，着重于设斋会、诵经、写经等。在龙门石窟、云冈石窟等地，有丰富的义邑造像遗存。

升仙太子碑（国六）

愿允丹诚赐灵药，方期久视御隆周。

升仙太子碑鸟瞰（邵世海 / 摄）

地　址	偃师区府店镇府店村缑山之巅
开放时间	需联系文保员
收费情况	免费
路线推荐	参考线路 18（P612）

　　升仙太子碑为武则天于武周圣历二年（699）赴嵩山封禅途中，游幸新竣工的缑山升仙太子庙时，撰书镌刻的一通巨碑。它不仅是研究武周历史的珍贵文献资料，而且在书法史上占有重要地位，兼具极高的史料价值、文化价值与艺术价值。现已封闭管理保护。

升仙太子碑（月漫青游／摄）

　　全碑通高约 8 米，蟠龙首、赑屃座。碑额为武则天本人以飞白体书写的"升仙太子之碑"六个大字，字上有十处以鸟雀形象作为笔画，十分巧妙。碑阳为正文，共 34 行，满行 66 字，行草相间，近章草，另有上款、下款，由书法家薛稷题写。碑文中首先追述了"升仙太子"王子晋的故事（王子晋，又名王子乔，是周灵王的太子，后得道，相传东汉时他曾驾鹤驻足于缑山山顶）。之后，武则天借古喻今，称"我国家先天纂业，辟地载基，正八柱于乾纲，纽四维于坤载"，歌颂武周盛世，最后描述了缑山升仙太子庙的风貌。全文内容丰富、典故林立，展现出武则天极其深厚的文学功底与造诣。书法上，笔法婉约流畅，意态纵横。

　　碑阴为题记，除游人题刻外可分为三部分。第一部分是大臣和诸王题名，为立碑时的题记，由薛稷和钟绍京题写；第二部分为薛曜题写的武则天《游仙篇》，武周久视元年（700）前后刊刻；第三部分由安国相王李旦（唐睿宗）于唐神龙二年（706）刊刻，凿去了张昌宗、张易之的名字和"诸王芳名"，增刻了相王集团成员的姓名。升仙太子碑碑阴的题记，是武周后期至"神龙革命"后初期政局变化的直接反映。

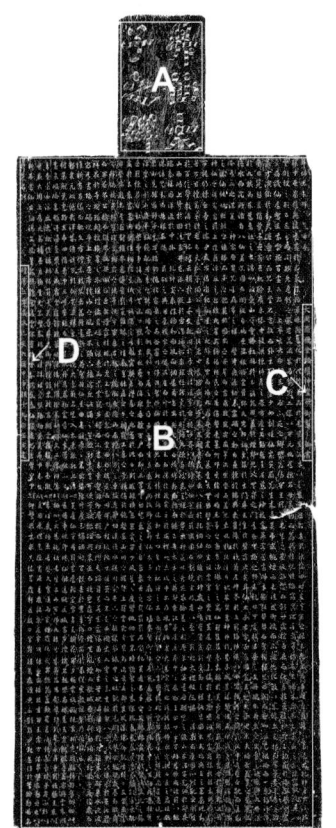

《升仙太子碑》碑阳文字分布（赵汗青／制）

图注：

A. 碑额"升仙太子之碑"6字，飞白书。

B. 正文34列2123字，行草书。

C. 薛稷书上款"大周天册金轮圣神皇帝御制御书"14字，楷书。

D. 薛稷书下款"圣历二年，岁次己亥，六月，甲申朔，十九日，壬寅建"19字，楷书。

升仙太子碑老照片（关野贞／摄）

碑额（孙鹏飞／摄）

飞白碑额拓片（云在轩主人／提供）

图注：

1. 薛稷书武三思等八大臣题名

2. 薛稷书立碑使题名两行（部分被凿，残存部分）

3. 唐人题名（被凿）

4—8. 钟绍京书立碑团队题名五段

9. 薛曜书武则天杂言《游仙篇》诗

10. 相王李旦刊碑记

11. 唐韦庇题名

12. 北宋邓洵武题记

13. 清钟国士题诗两首

14. 清金秉万、李重翊（均为韩国人）题诗两首

——出自赵汗青著《〈升仙太子碑〉源流考》，河南美术出版社 2022 年版

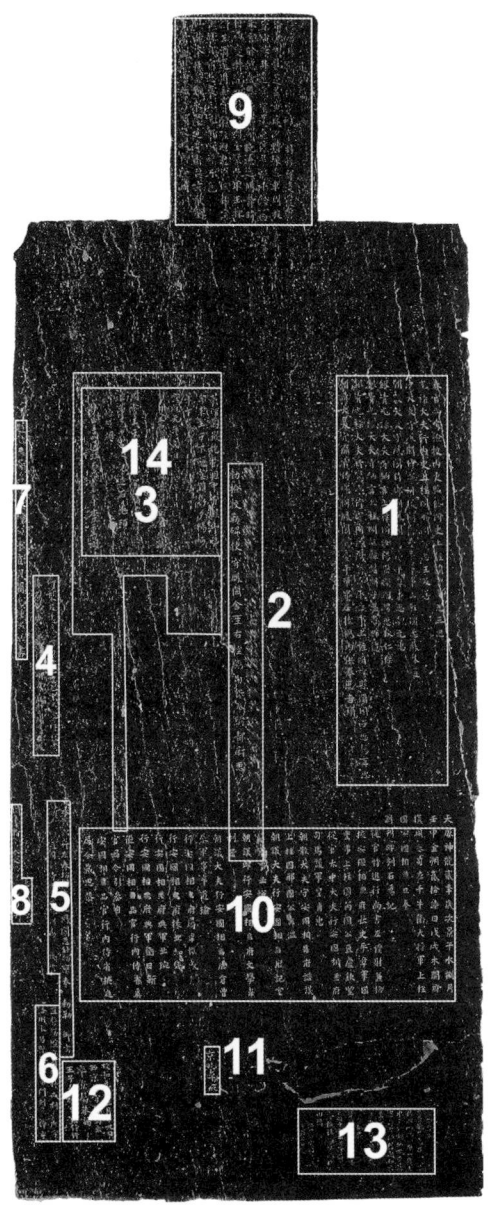

《升仙太子碑》碑阴文字分布（赵汗青／制）

缑山全貌（林赵成／摄）

　　在升仙太子碑所在的缑山山顶上，尚有两通晚期碑刻，一为宋碑，一为清碑。宋碑位于升仙太子碑西侧，盘龙首，长方座。碑的四周有 5 厘米宽的牡丹图案花边。碑额篆书"重修升仙太子大殿记"，碑文 11 行，每行 47 字，楷书。立于北宋明道二年（1033）。该碑碑端题"圣宋西京永安县缑山通天观重修升仙太子大殿记"，碑文前半部叙述道教精义之大旨及升仙太子得道升仙经过，后人因而建祠以表崇敬；后半部叙述北宋天圣四年（1026）西京留司御史台赵世长倡议重修的经过。

　　清碑位于升仙太子碑东侧，是乾隆御制诗碑，盘龙首，龟座。碑上为清乾隆帝于乾隆十五年（1750）祭祀嵩岳驻跸缑山时所作的《登缑山极目》："缑岭茏葱嵩岳连，传闻子晋此升仙。割来太室三分秀，望去清伊一带绵。欢豫民情他阆苑，菁芊麦色我芝田。孜孜求治犹多愧，无暇重翻学道篇。"

北宋《重修升仙太子碑》（吃土君／摄） 　　　乾隆游猴山碑（吃土君／摄）

大宋新修会圣宫铭碑（国七）

隐若中天，宛如化出。

会圣宫铭碑及周围环境（邵世海／摄）

地　　址	偃师区山化镇寺沟村凤凰山上
开放时间	需联系文保员
收费情况	免费
路线推荐	参考线路 19（P614）

　　大宋新修会圣宫铭碑，简称"会圣宫铭碑"，我国现存巨碑之一，有"中州第一碑"之称。其高大雄伟、雕刻精湛、行文优美、书体端庄，具有极高的价值。现建院保护。

大宋新修会圣宫铭碑（孙鹏飞／摄）

　　碑于北宋景祐元年（1034）立，通高9.2米。该碑螭首、龟趺，碑身四周饰以线刻龙形和流云纹，两侧浮雕云鹤图案，碑文中似有金粉填涂。碑额篆书"新修西京永安县会圣宫铭"（宋时此地为永安县管辖）。碑文楷书，共36行，满行84字，由翰林学士石中立撰文，著名书法家李孝章书并题额。碑文详细记述了会圣宫建宫由来和经过，描述了会圣宫的地理位置、建筑的宏伟和"奉安圣容"的隆重以及"士庶朝谒"的盛况，其主旨乃在颂扬宋初诸帝太祖、太宗、真宗以及仁宗的武功、圣德、教化、政绩。碑身下的石龟近一人高，昂首向天。碑的附近还有未知用途的石柱一根。

　　碑文楷书，笔法浑实、结构严谨，兼有行、楷、瘦金诸体的韵味，其风格较独特，在碑刻书法艺术中是不可多得的珍品。碑文整体刀工精美、浑然天成，文字之多为全国罕见。

大宋新修会圣宫铭碑（卓荦/摄）　　碑正面（卓荦/摄）

碑首（筱溪听泉/摄）

碑侧浮雕云鹤图案（卓荦／摄）

碑文（向立林／摄）

碑文（筱溪听泉／摄）

碑座图案（向立林／摄）

龟趺（邵世海／摄）

碑底座纹饰（吃土君／摄）

会圣宫由宋仁宗修建，位于会圣宫碑所在的凤凰山上，是北宋皇室谒陵时休息的行宫，也是平日祭奠三位已故君主（宋太祖、宋太宗和宋真宗）、供奉其画像的场所（因此也称为影殿），规模宏大，在靖康之变时被毁。

未知用途的石柱（孙鹏飞／摄）

千唐志斋石刻（国四）

谁非过客，花是主人。

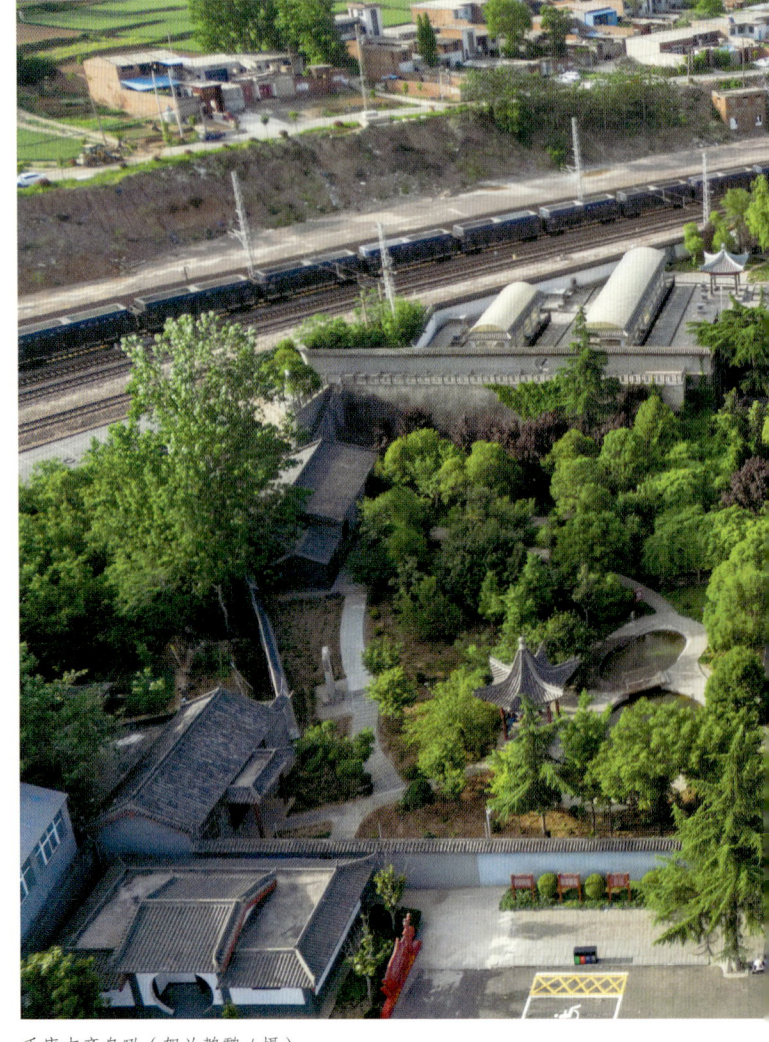

千唐志斋鸟瞰（贺兰鹣鹣／摄）

地　　址	新安县铁门镇铁门村
开放时间	周二至周日 9:00—17:00
收费情况	免费
路线推荐	参考线路 24（P624）

　　千唐志斋由已故著名爱国民主人士、辛亥革命元老张钫建设，是其所建园林"蛰庐"的一部分，系目前中国墓志石刻最重要的收藏地之一，中国唯一的墓志铭博物馆，收藏西晋至民国时期的石刻文物，其中尤以唐志最为丰富，多达千余方。

正门（吃土君／摄）

章太炎先生篆额（吃土君／摄）

　　1918 年，张钫在其家乡的私邸西北建起石屋一座，扩地建园，命名为"蛰庐"。1923年，康有为为其题额，蛰庐名气大增。1932 年至 1934 年，在王广庆、郭玉堂两先生的帮助下，张钫出资在洛阳收集邙山出土的墓志石刻，集中运至铁门。1935 年前后在"蛰庐"西隅建斋，将收集来的千余方墓志镶嵌于花园的十五孔窑洞的内壁及天井走廊的外墙壁上。因这些墓志大部分为唐代墓志，故命名为"千唐志斋"，由章太炎先生篆额，并在尾部缀有跋语："新安张伯英，得唐人墓志千片，因以名斋，属章炳麟书之。"

石屋（阿捞／摄）

外壁（顾军／摄）

窑洞内景（孙鹏飞／摄）

在唐志方面，千唐志斋的藏品纪年覆盖了唐代的全部年号，上起武德、贞观，历盛唐、中唐以迄晚唐，其中，包括武则天的改元、安禄山的僭号，无不尽备，有"石刻唐史"之称。其藏品中有大量精品，如西晋成晃墓志铭、北魏薛慧命墓志铭、唐田夫人墓志铭、徐浩撰文书丹的崔藏之墓志铭、狄仁杰撰文书丹的袁公瑜墓志铭、王昌龄书丹的陈府君（颐）墓志铭、唐代卢公亮夫妇的龟形墓志、大燕马凌虚墓志铭，以及章太炎撰文、于右任书丹、吴昌硕篆盖的民国张子温（张钫之父）墓志铭等。

西晋成晃墓志铭（筱溪听泉／摄）

北魏薛慧命墓志铭（吃土君 / 摄）

根据《薛慧命墓志铭》所载，薛慧命为官宦世家之后，地位显贵。因所产双胞胎夭折，本人在极度悲伤中去世。其夫元湛死于著名的"河阴之变"。

屈突通墓志，中间断裂，重新弥合，刻于唐初，隶书书写。

屈突通（557—628），亦名屈突仲通，字坦豆拔，祖籍昌黎，后迁居长安，奚族。北周邛州刺史屈突长卿之子，隋末唐初将领。玄武门之变后，屈突通以检校行台仆射身份去镇守洛阳。次年，授为洛州都督，并加授左光禄大夫。贞观二年（628），因年老患病，卒于任，时年72岁。

唐屈突通墓志铭（吃土君 / 摄）

唐狄仁杰书袁公瑜墓志铭（吃土君／摄）

唐袁公瑜墓志铭细节（吃土君／摄）

唐王昌龄书陈府君墓志铭（吃土君／摄）

《袁公瑜墓志》，全称《大周故相州刺史袁府君墓志铭》。武周久视元年（700）刻立，楷书，志文书法具有虞世南的笔意，包含有十多个武则天创造的字。为现存的狄仁杰唯一的书迹，志文优美，书法圆腴俊朗，骨力深藏，笔法遒劲稳健，保存完好，堪称唐代墓志中的上乘之作。

《陈府君墓志》，全称《大唐故荆州大都督府司马陈府君（颐）墓志铭并序》，为张钫于20世纪30年代中期收集。墓志刻于开元十五年（727），正值王昌龄进第之时，中楷书写，圆融遒丽、姿体隽秀，颇有虞风。

《马凌虚墓志》为难得的安禄山所建伪朝燕时期的墓志遗存。右下角稍微残缺，其他字迹较清晰。"刑部侍郎李史鱼撰，布衣刘太和书"，尾署"圣武元年正月廿二日建"。墓主人马凌虚曾经是一名女道士，还俗嫁给安禄山的幕僚独孤问俗，不到十天，无疾而终，年仅23岁。有学者认为，她被迫还俗，不满于婚姻，选择了自尽，墓志内容掩盖真相。

燕马凌虚墓志铭（筱溪听泉／摄）

　　《崔藏之墓志》为唐代著名书法家徐浩所书。徐浩，大历年间与颜真卿齐名，尤擅楷书和隶书，此志为其中年时期书法作品。从碑文内容得知，崔藏之字含光，官拜朝议大夫、行尚书膳部员外郎。终年57岁，葬于河南万安山附近。

唐崔藏之墓志铭（吃土君／摄）

唐田夫人墓志铭（吃土君／摄）

唐郑虔并夫人王氏墓志铭（局部）
（吃土君／摄）

唐二品官女墓志铭（吃土君／摄）

郑虔（691—759），唐代文学家、书法家、画家。郑虔曾经将自己的诗作和绘画献给唐玄宗，唐玄宗在他的书画上用大字题写了"郑虔三绝"四字。自此，"郑虔三绝"成为诗、书、画三者都非常精妙的代名词。

唐代著名书法家李邕的墓志铭，由李邕的族子李昂撰写，楷体书写，类似颜体，舒畅自然。

李邕（678—747），字泰和，鄂州江夏人，唐代大书法家，擅长用行楷书写碑文，留下《麓山寺碑》和《云麾将军李思训碑》等。唐玄宗时期，官至北海太守，被称为"李北海"。其天资豪放，不拘小节，被李林甫所害，时年73岁。

唐李邕墓志铭（吃土君／摄）

唐郑虔撰王暟墓志铭（吃土君／摄）

元赵孟頫书《达鲁花赤珊竹公神道碑》（局部）（吃土君／摄）

唐卢公亮墓门（吃土君／摄）

唐卢公亮夫妇龟形墓志（筱溪听泉／摄）

唐卢公亮夫妇龟形墓志（吃土君／摄）

张钫墓（筱溪听泉/摄）

民国张子温（张钫之父）墓志铭（阿捞/摄）

民国张子温墓志盖（吃土君/摄）

于右任题"铁门镇"匾额（南阳任侠生／摄）

张钫（1886—1966），字伯英，号友石。早年在保定陆军速成学堂求学期间加入同盟会，并领导陕西辛亥革命，任秦陇复汉军东路征讨大都督。民国初参加护国运动，反对袁世凯及北洋军阀。后曾担任国民党河南省政府代主席、第二十路军总指挥、军事参议院副院长、鄂豫陕边区绥靖公署主任。1945年，被授衔为陆军上将。1949年，在四川策动国民党第二十兵团等部队起义。中华人民共和国成立后，任全国政协委员。

知识链接

千唐志斋与鸳鸯七志斋

鸳鸯七志斋是于右任先生的书斋，以斋中收藏了七对北魏夫妻的鸳鸯墓志而命名。于右任先生是书法大家，非常喜爱魏碑体书法，而千唐志斋的创始人张钫先生与鸳鸯七志斋的创始人于右任先生之间有着深厚的友谊。两人都酷爱收藏碑刻墓志，他们曾约定：凡在洛阳搜集到的北朝墓志都归于右任，而唐朝墓志则归张钫。因此，千唐志斋藏石与鸳鸯七志斋藏石之间的联系非常密切。鸳鸯七志斋的藏石共有近400方，其中，以北朝墓志居多。1935年，经杨虎城将军之手，于右任先生将所藏碑石全部捐赠至西安碑林博物馆，至今尚在。

近现代，洛阳也曾居于重要地位。截至2021年12月，洛阳现有的近现代重要史迹及代表性建筑类文保单位共有44处，其中，全国重点文物保护单位3处、河南省文物保护单位17处、洛阳市文物保护单位24处。

1900年，八国联军侵华，慈禧、光绪"西狩"，《辛丑条约》签订后，"两宫"回銮，驻跸并游览洛阳，留下的遗存至今可寻。1909年，汴洛铁路竣工，成为陇海铁路前身，洛阳的交通地位随之提高。之后，洛阳人民在东关下园成立民间组织"在园"，并发动洛阳起义。民国二年（1913），袁世凯在洛阳兴修洛阳西工兵营（国七）。20世纪20年代，吴佩孚雄踞洛阳，依托已有基础设施展开了一系列建设，洛阳再次成为交通和军事重镇。现西工兵营的遗留，大多修建于这个时期。西工兵营也成为当时规模最大的新式陆军兵营，在洛阳乃至中国近代史上都具有重要地位。

中国共产党在河南的活动，也从洛阳起步。1921年，河南省第一个共产党组织在中共洛阳组诞生地（省八）成立，自此，党的组织在中原大地迅速成长、发展壮大。

1932年，"一·二八"事变爆发，国民政府迁都洛阳，并对洛阳进行了规划和建设，林森桥（省七）至今犹存。这一时期，洛阳也涌现出了一批名人，留下了张钫宅院（省五）、万氏故居及万氏佳城（省四）、常氏石刻（省五）等遗存。

全面抗战爆发后，洛阳地区的人民群众同仇敌忾，坚决抗日。八路军洛阳办事处旧址（国六）、潭头河南大学旧址（省七）、新安县抗日民主政府旧址（省八）、王仲伟等抗日英雄纪念地（市保）、佛光抗日十三无名烈士墓（市保）、朝阳烈士纪念碑（市保）等，都是这段英雄历史的见证。

中华人民共和国成立后，洛阳成为我国重要的工业城市。苏联援华的"156项工程"中，有6项在洛阳建设。以洛阳涧西苏式建筑群（国七）为典型代表的社会主义计划经济时期工业遗产在河洛大地上写下了浓墨重彩的一笔。考古文博事业在洛阳蓬勃发展，一些经典的仿古建筑拔地而起，洛阳博物馆主展楼（省五）、中国社会科学院考古研究所洛阳工作站（市保）等都是这一时期的代表作。

洛阳西工兵营（国七）

司令部旧址（王腾／摄）

　　西工兵营，位于洛阳老城以西。建设时人称"西工地"，久而久之，"西工"出现，西工区的名称即由此而来。

　　西工兵营由袁世凯兴建于1913年。自1916年建成后，成为各地军阀争夺的焦点。1920年，直系军阀吴佩孚战胜皖系军阀后，进驻西工兵营，对其进行了大规模的维修与扩建，这里成为吴佩孚"雄踞洛阳、统治四方"目标的中心。1927年，冯玉祥的革命军进驻洛阳，对西工兵营进行了修缮，改名为"新柳营"。1932年，南京国民政府迁至洛阳，设洛阳

为"行都"，国民党中央党部进驻西工兵营司令部，国民党机关大部分驻扎西工兵营。七七事变后，西工兵营成为第一战区司令长官部。1944年，西工兵营部分沦为日军的物资收购所和战俘集中营。中华人民共和国成立后，西工兵营成为多个单位宿舍、仓库、办公场所等，遗存逐渐减少。

西工兵营见证了民国时期洛阳风云变幻的近代历史，与近代许多重要人物和事件密切相关，在中国近代史上具有无可替代的地位。作为当时中国最大的新式陆军兵营，西工兵营建筑整体既表现出中国古典建筑形式的特点，也吸收了西方建筑形式的特点，是中西混合式近代建筑的典范，对于研究洛阳的近代建筑具有重要意义。2019年，入选第四批《中国20世纪建筑遗产名录》。

司令部旧址、高级住宅及惜阴书室俯视（刘雷／摄）

司令部旧址

　　司令部旧址是西工兵营建筑中保存较为完整的一处，也是当时整个兵营的核心建筑，主要由司令部四合院（南北大厅和东西厢房组成一个封闭的四合院）、高级住宅、惜阴书室组成。

　　司令部四合院建筑为砖木结构，红砖灰瓦，红漆木柱，古朴典雅的石柱础，表现出中国古典建筑形式的特点。北大厅为厅堂，是当年吴佩孚的会议厅，门廊中间地面用水泥刻画的"寿"字图案，系为蒋介石五十寿辰所作。南北大厅走廊的木柱基座为中国古典力士石刻柱础。东西厢房，左右对称，轴线明显，布局严谨，古朴典雅。四合院旧址现辟为洛阳抗战纪念馆。

地　　址	西工区中州中路 401 号院
开放时间	四合院开放时间为周二至周日 9:00—17:00，其余不开放
收费情况	免费
路线推荐	参考线路 2（P581）

四合院正厅（吃土君／摄）

司令部四合院（林赵成／摄）

内部展厅（顾军／摄）

"寿"字图案（吃土君／摄）

高级住宅外观（王腾／摄）

　　高级住宅位于四合院的东侧，是一座坐北朝南的独立小院，其中的木门窗多为西欧古典款式。房间共五间，中间三间为会客、接待厅，东、西还各有一间房间，各房间相互独立，但均能串通。住宅内还隐藏有一条当时可通往洛阳机场的地下通道。

高级住宅外观（林赵成／摄）

惜阴书室（林赵成／摄）

惜阴书室匾额（刘雷／摄）

　　惜阴书室位于高级住宅东侧，建于1939年，由时任第一战区司令长官卫立煌兴建。现存四孔窑洞，外墙与窑身全部用砖砌或拱券。西起第二间拱券上墙壁内镶嵌一青石匾额，匾上的纪年采取了公历纪年，与其他民国牌匾不同。

阅兵台（王腾／摄）

阅兵台

阅兵台由吴佩孚始建于1923年，原名"继光台"，1936年，蒋介石在洛阳举办五十寿辰时改名为"寿国台"。抗日战争期间被日机炸毁。1947年，国民党青年军二〇六师师长邱行湘异地重建了阅兵台，称"中正台"。现位于某单位院内，在凯旋路解放路口西侧的人行道上可观看阅兵台的全貌，路旁设有文保碑。

地　址	西工区解放路118号
开放时间	不开放
收费情况	无
路线推荐	参考线路2（P581）

阅兵台俯视（王腾／摄）

西营房鸟瞰（王腾／摄）

营房 ▌

    营房现存西营房、北营房数十间，全部为砖木结构，整齐划一，灰砖灰瓦，红漆木柱，使用了古朴典雅的石柱础。其分别位于某单位家属院和生产厂区内。

营房（王腾／摄）

地　　址	西工区凯旋西路 34 号院
开放时间	不开放
收费情况	无
路线推荐	参考线路 2（P581）

营房（王腾／摄）

北营房俯视（张晓光／摄）

老吴桥鸟瞰（刘雷／摄）

老吴桥 ▌

老吴桥，河南省近代第一座钢筋混凝土桥梁，由著名实业家、教育家张謇出资建成，共23孔。

民国十年（1921），著名实业家张謇组织上海北方工赈协会来洛举办工赈，盘踞洛阳的吴佩孚乘机劝说该会资助建桥，遂在洛河上建成一座双柱式现浇钢筋混凝土墩台简支桥梁，亦名"天津桥"。民国十一年（1922）六月，吴佩孚上桥验工，适逢洛水暴涨，桥两端被洪水冲断，桥南端冲毁三孔，因河道主流南移，桥被搁浅。

一年后，吴佩孚又兴工修复了北头引桥，将南头筑成土坡，维持桥梁通车，并动工将桥向南接长，以跨过主河道，新修桥墩砌出水面，后因吴佩孚兵败而告停，在洛河上仅留下一座废桥残基。后因洛河涨水，危及两岸安全，因防汛需要，于1980年7月炸毁九孔，至今尚存残桥墩基和遗迹。该桥虽然失去了使用价值，但为后来的桥梁建设提供了借鉴。

地　　址	西工区洛浦公园内（美术馆路最南端）
开放时间	全天开放
收费情况	免费
路线推荐	参考线路2（P581）

老吴桥（夏广瑞／摄）

老吴桥桥基（许琰琛／摄）

八路军洛阳办事处旧址（国六）

到之之法，艰苦斗争。世无难事，有志竟成。

八路军洛阳办事处旧址鸟瞰（王腾／摄）

地　　址	老城区南关街道贴廓巷 35 号
开放时间	周二至周日 8:30—17:30
收费情况	免费
路线推荐	参考线路 7（P590）

　　1937 年，全面抗战开始后，在中国共产党的倡议下，国共两党实行第二次合作。1938 年，经与国民党协商，中国共产党在第一战区司令长官部所在地洛阳建立"八路军驻洛办事处"，简称"洛八办"，至 1942 年撤离。这是中国共产党在国统区设立的一个公开办事机构，承担了与国民党第一战区联络，掩护、帮助地方党组织开展工作，统战与情报采集等多项重要工作，为抗日战争的胜利做出了重要贡献。

大门（亦慕凡／摄）

宅院（王腾／摄）

　　八路军洛阳办事处旧址占地面积 4300 多平方米，拥有房屋 150 多间。旧址由三路三进四合院组成，均建造于清道光十一年（1831），是南关富豪庄延珍家的宅院。其采用中国传统的建筑风格，中轴线对称布局，建筑均为二层硬山式灰板瓦屋面、花瓦调脊、抬梁式木构架。每所院落都分三进，前有临街房，中有一、二厅堂，后有上房，旁边留有过道，每进院落两旁对称建有二层结构的厢房。门、窗上附有雕刻花纹装饰，主要有梅、竹、兰、菊、牡丹、松柏等传统的花木图案以及神话人物、传说故事等，雕刻细腻，栩栩如生。

宅院（王腾/摄）

宅院（顾军/摄）

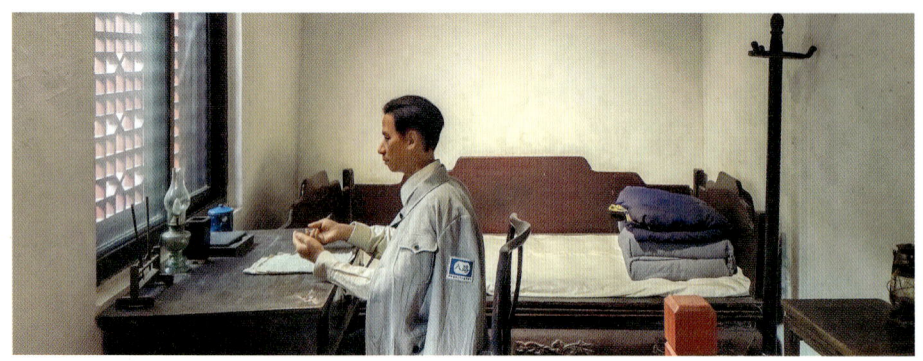

处长室（王腾／摄）

刘少奇住室（吃土君／摄）

　　毛泽东对"洛八办"十分重视，在延安期间亲自同负责筹建的刘向三谈话并提出了具体任务。"洛八办"先后接待过刘少奇、朱德、彭德怀、徐海东、彭雪枫等领导同志，其中，刘少奇同志三临"洛八办"，还在此处撰写和修改了重要著作《论共产党员的修养》。1985年，该处被辟为八路军驻洛办事处纪念馆。

室内展陈（顾军／摄）

室内展陈（顾军／摄）

室内展陈（顾军／摄）

洛阳涧西苏式建筑群（国七）

愿把此心炽烈，化为融融光热，四季赛春时。

以中国第一拖拉机制造厂为中心的涧西区鸟瞰（王腾／摄）

　　洛阳涧西苏式建筑群是指"一五"（第一个五年计划）期间，苏联在洛援建重点工程时建造的带有明显苏式建筑风格的工厂车间、厂房、职工住宅以及各种配套设施，现主要包括一拖厂前大门、办公楼、广场及毛主席像，轴承厂厂前广场及毛主席像，铜加工厂办公大楼，二号、十号、十一号街坊等遗存。需要注意的是，这些只是洛阳留存的苏式建筑中最具代表性的，其余苏式建筑也亟待保护。

　　20世纪50年代，新中国百废待兴。苏联在工业领域确定了156个对华援助重点项目，其中，六项选址在洛阳涧西。这些项目主体规划与建筑由苏联专家进行设计，兼具美观性与实用性，也成为不可多得的社会主义工业遗产。

　　洛阳涧西苏式建筑群，体现了社会主义计划经济时期工业遗产的特点，具有重要的历史、科学、艺术和社会情感价值。2011年，洛阳涧西苏式建筑群以"涧西工业遗产街"名义入选第三批中国历史文化名街，是历届唯一入选的工业遗产项目。2018年，建筑群中的洛阳第一拖拉机制造厂（现为中国一拖）、洛阳矿山机器厂（现为中信重工）入选第二批国家工业遗产。2019年，该建筑群入选第四批《中国20世纪建筑遗产名录》。

一拖厂鸟瞰（王腾／摄）

地　　址	涧西区建设路与长安路交叉口
开放时间	厂区不开放，厂区外全天开放
收费情况	免费
路线推荐	参考线路 4（P584）

　　中国第一拖拉机制造厂，简称"一拖"，是中国生产农业机械的特大型企业。现存苏式建筑包括厂门、与厂门相连的两座办公大楼、广场及毛主席像，还有厂区内部分建筑。

外观（吃土君／摄）

厂房区鸟瞰（王腾／摄）

一拖厂前大门（孙鹏飞／摄）

一拖厂前大门和左、右两边办公楼呈"凹"形一线铺开。厂门坐北朝南，位于两座办公楼之间，为带前廊的二层平顶门房，面阔九间。檐下正中为"第一拖拉机制造厂"八个金色大字，房檐正中上方，是镰刀、锤子、五星、旗帜、履带、麦穗、齿轮等元素组成的"一拖"厂徽雕塑，高约 2 米。厂门上镶嵌有奠基石。两座办公大楼位于厂门两侧，为砖混式结构，与厂门相连，东西对称。办公楼楼门向北，楼顶四坡无脊，上覆红瓦。一拖厂前广场呈南北向长方形，毛主席像位于广场中轴线上北部一长方形台基上。塑像基座高约 5米，表面贴暗红色石板，四周有铁质护栏。塑像高约 7.3 米，以水泥塑成，外表涂白。毛主席身着军大衣，右手做挥手状，左手拿军帽背至背后，庄严雄伟。

厂徽雕塑（吃土君／摄）

毛主席塑像（王腾／摄）

奠基石（贺兰鹧鸪／摄）

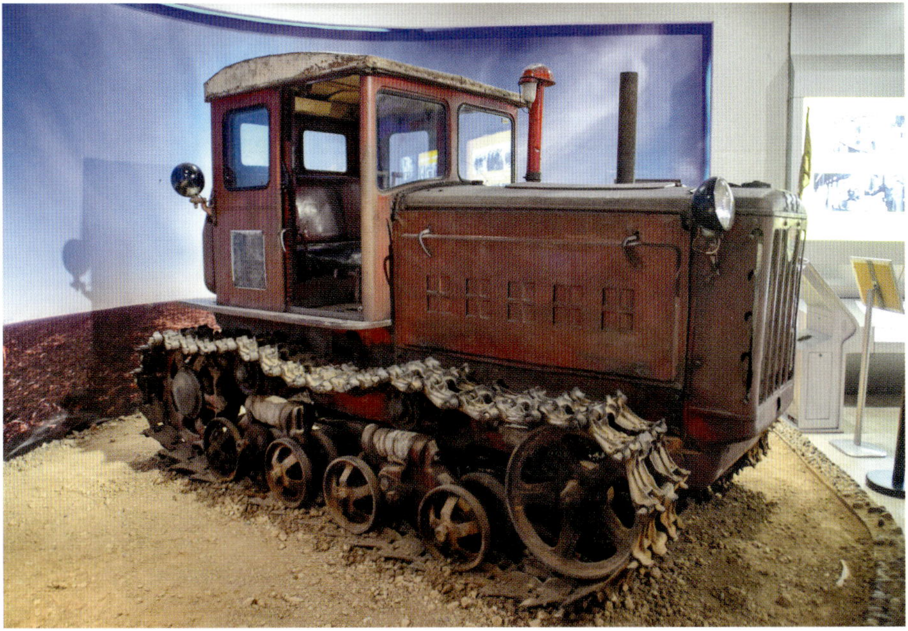

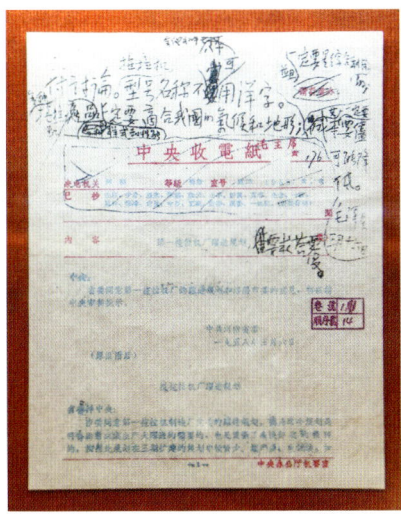

第一台拖拉机（林赵成／摄）

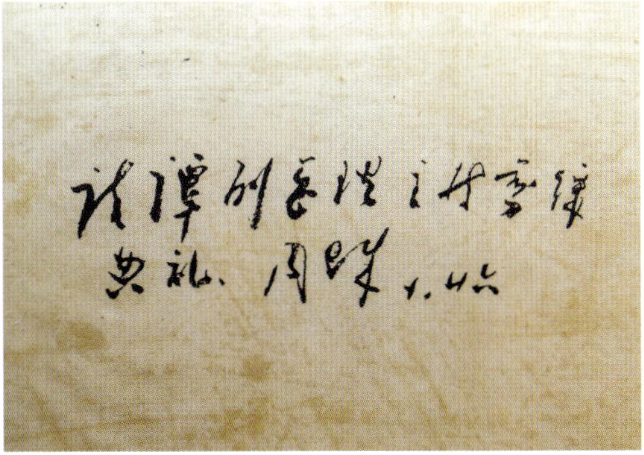

毛主席批示（林赵成／摄）

周总理批示（林赵成／摄）

轴承厂厂前广场和毛主席像鸟瞰（王腾／摄）

轴承厂毛主席像（王腾／摄）

轴承厂厂前广场和毛主席像

　　轴承厂厂前广场和毛主席像均是特定时期的代表性建筑物，有着较高的价值。

　　厂前广场原本即为轴承厂的组成部分，平面呈长方形，南北长165米，东西宽40米，总面积6600平方米。广场北部有毛主席塑像。

　　毛主席像建成于1968年，是河南省规模最大的毛主席塑像。塑像坐落在一个高1.8米的长方形大理石台基上，高约21米（含基座）。基座亦为长方形，外表有红色瓷砖包砌，高9.5米。塑像主体通体涂以金黄色，由混凝土浇筑而成。毛主席头戴军帽，身穿军大衣，左臂自然下垂握拳，右手高举做挥手状，象征"毛主席挥手我前进"寓意。整尊塑像气势宏伟、庄严大气。

地　　址	涧西区建设路与天津路交叉口
开放时间	全天开放
收费情况	免费
路线推荐	参考线路4（P584）

铜加工厂办公大楼鸟瞰（王腾／摄）

主楼鸟瞰（王腾／摄）

铜加工厂办公大楼

铜加工厂办公大楼有主楼、东侧办公楼等。

主楼平面呈倒"凹"字形，两端突出，共四层，是一座中间高两边低、东西对称的平顶建筑。主楼中部三间为门厅，第四层中间的阳台带有护栏。窗户的大小相同、整齐划一，在中部及两端的窗户下有装饰图案。主楼的檐部、墙身、勒角"三段式"结构完备，具有典型苏式建筑风格，入口处石柱上的铸铁壁灯和顶灯花纹装饰散发着久远年代的独特魅力。

东侧办公楼为平面呈矩形的三层砖混结构建筑，屋顶为四面坡斗篷式，是苏联援建的产物。

地　　址	涧西区建设路与长春路交叉口
开放时间	不开放
收费情况	无
路线推荐	参考线路 4（P584）

十号、十一号街坊和一拖厂鸟瞰（王腾／摄）

地　　址	涧西区景华路与武汉路交叉口东北角，中州西路与周山大道交叉口东南角，中州西路与陕北二路交叉口东南角
开放时间	需要许可
收费情况	无
路线推荐	参考线路 4（P584）

二号、十号、十一号街坊

　　二号、十号、十一号街坊，是 20 世纪 50 年代开工建设的与工厂相配套的住宅区域。三个街坊充分吸收了我国传统民居特色，风格相对华丽，又兼具苏式建筑的特点。

二号街坊鸟瞰（王腾／摄）

　　建筑将现代化的居住模式与传统四合院形式有机融合，明确地体现了厂区与生活区对应布置、生活区与配套公共服务设施紧密结合的规划思路和原则，较好地处理了生产与生活、居住与交往的关系，具有鲜明的时代特色。其中，二号街坊属于中信重工（原洛阳矿山机器厂），十号街坊属于中国一拖，十一号街坊属于洛轴集团，三者中又以二号街坊最具代表性。

二号街坊（连周全／摄）

二号街坊（王腾／摄）

二号街坊位于涧西区青海路南、武汉路东、康滇路西、景华路北，现存建筑10栋，均为砖混结构。楼层多高三层，平面呈长方形或曲尺形，一层开小门，门上有雨棚，门前两侧各有水泥门墩一个。红砖砌墙，屋顶呈悬山式，上覆红色机瓦，中间的正脊由水泥砌成。整体建筑风格为苏式，但装饰呈现出中国传统建筑风格。二号街坊内保留了一些名人旧居，如习仲勋旧居、焦裕禄旧居、纪登奎旧居等等。

焦裕禄雕像（连周全／摄）

二号街坊（许琰琛／摄）

十号和十一号街坊鸟瞰（王腾 / 摄）

十号街坊鸟瞰（王腾 / 摄）

街坊建筑（林赵成 / 摄）

十一号街坊鸟瞰（王腾／摄）

十一号街坊（王腾／摄）

洛阳的各级文物保护单位数量众多，种类丰富，开放情况各异。想要在一部作品里将它们"一网打尽"，比较困难。因而，在这些文物保护单位中择优选取，做好规划，从而有选择性和针对性地进行寻访，才能更好地领略洛阳的厚重底蕴。我们以洛阳市全国重点文物保护单位为基础，以区域规划的模式，将国保周边的其他各级文物保护单位相互联系，形成了相对方便且高效的寻访组合。

我们以实地寻访为基础，为您精心设计了33条寻访线路，覆盖了洛阳所有区县，其中，西工区3条、涧西区1条、老城区4条、洛龙区4条、瀍河回族区1条、偃师区6条、孟津区3条、新安县2条、宜阳县3条、洛宁县1条、伊川县2条、嵩县1条、栾川县1条、汝阳县1条。部分跨区县线路，以该线路涉及的文物保护单位数量较多的区县为主。每条线路行程的参考时间大约为一天。

需要说明的是，对于一些文保点位较多的全国重点文保单位，如汉魏故城、邙山陵墓群等，在规划路线时对于一些点位有所取舍。如果您想将这些文保单位的所有点位全部走访，推荐您使用"华夏古迹图"App、微信小程序提前做好规划。

使用本章节时，请您注意以下几点：

1. 路线图中的全国重点文物保护单位、省级文物保护单位、市级文物保护单位分别以红色、蓝色和绿色分类标识。同时，标识上的数字标明的是我们推荐的寻访顺序。

2. 在介绍文字中，我们对每一处文保的推荐寻访方式、注意事项、开放情况进行了简要介绍，便于您的选择和准备。但这些信息具有时效性，所以请您务必提前核实，以免带来不便。

3. 对于一些具有代表性的省保和市保单位，我们选择了部分图片进行展示，方便您掌握相关信息。

最后，请您在寻访过程中遵守法律法规，尊重寻访地点的风俗习惯。如需进入非正式开放的文物保护单位，请务必在征得许可后进入。在寻访过程中，请您务必注意个人的人身安全和文物保护单位的文物安全。此外，请不要擅自移动、损坏，更不要带走文物保护单位范围内的附属物品，做文明的访古人。

"清洛象天河，东流形胜多。"带上《寻迹洛阳》，开始寻找属于自己的京洛记忆吧！

线路 1（西工区—东周王城线）

① 洛阳博物馆主展楼

② 洛阳东周王城

③ 天子驾六车马坑

④ 唐宫西路小学车马坑

⑤ 东干沟遗址

⑥ 洛阳东周王城城垣遗址

推荐寻访方式
步行

推荐寻访路线
先参观洛阳博物馆主展楼，之后步行向西到达王城公园内的洛阳东周王城遗址。沿中州路向东北方向即可到达位于周王城广场的天子驾六车马坑。自车马坑向西前往唐宫西路小学车马坑，继续向西至东干沟遗址，最后到达洛阳东周王城城垣遗址。

推荐寻访时间
洛阳博物馆主展楼现为洛阳市文化馆，内部可进入参观，时间约 30 分钟。洛阳东周王城所在的王城公园，是中国第一座遗址公园，现为洛阳市历史建筑，参观时间约 2 小时。牡丹文化节期间，该公园是赏花主会场之一。天子驾六车马坑所在地为周王城天子驾六博物馆，参观时间约 1 小时。唐宫西路小学车马坑目前不开放。东干沟遗址仅存文保碑，洛阳东周王城城垣遗址有夯土保存，参观时间各约 10 分钟。综合以上所有文保点，所需时间至少半天。

线路 2（西工区—洛阳西工兵营线）

推荐寻访方式
步行 + 共享单车

推荐寻访路线
自老吴桥出发，沿河堤步行向东北方向依次参观天津桥石基、林森桥。沿龙门大道向北至中州中路口再西行约 1.5 千米，司令部旧址在中州中路与解放路交叉口东南角院内。之后向南至凯旋路解放路口，阅兵台旧址在路口西南角。沿凯旋路向西至 613 所家属院门口，入口处右侧有汉河南县城文保碑。西工兵营西营房亦在该小区内。

推荐寻访时间
老吴桥、天津桥石基、林森桥位于洛河北侧大堤的洛浦公园内，其中天津桥石基位于洛河内，岸上有文保碑，整体时间约 1 小时。司令部旧址包括四合院、高级住宅、惜阴书室，其中四合院为洛阳抗战纪念馆，一共可参观 1 小时。阅兵台仅能在栅栏外参观外观及文保碑。汉河南县城地面已无遗存，西工兵营西营房现仅存排成一排的十几间房，可经允许进入参观，时间约 20 分钟。综合以上所有文保点，所需时间半天。

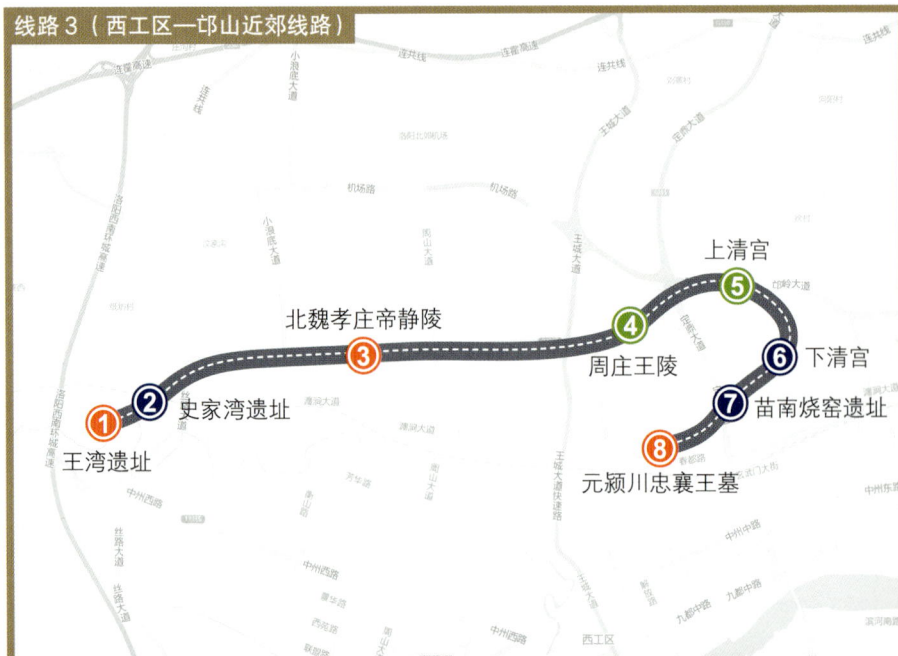

线路3（西工区—邙山近郊线路）

推荐寻访方式
自驾

推荐寻访路线
抵达王湾村参观王湾遗址后，沿遗址碑边上公路过涧河桥后右（东北方向）转入河堤路东行，西侧台地上就是史家湾遗址及碑。然后沿邙岭大道东行，依次参观北魏孝庄帝静陵、周庄王陵、上清宫，之后沿龙光路向南前往下清宫。最后前往苗南烧窑遗址和苗南新村的元颖川忠襄王墓。

推荐寻访时间
王湾遗址和史家湾遗址两处均有文保碑，参观各 10 分钟，王湾遗址出土文物可在洛阳博物馆参观。北魏孝庄帝静陵有围墙暂不开放，周庄王陵周围封闭，可外围参观。上清宫是唐代洛阳太上玄元皇帝庙所在地，保存有一些古代碑刻，这里也是旧时洛阳城北的制高点，可参观 50 分钟。下清宫相传是老子在上清宫修炼时拴牛的地方，有三座明清古塔和若干碑刻，可参观 50 分钟。苗南烧窑遗址是我国目前发现的较为完好的砖瓦窑遗址，与隋唐洛阳城的修建有着密切关系，现已原址保护，可参观 30 分钟。元颖川忠襄王墓有封土，墓前原有石像生部分存放在洛阳博物馆展出，参观 20 分钟。综合以上所有文保点，所需时间至少半天。

上清宫
（林赵成／摄）

苗南烧窑遗址
（林赵成／摄）

线路 4（涧西区）

中国第一拖拉机
制造厂

二号街坊

⑤

⑥

轴承厂厂前广场和
毛主席像

④ ③ ②

洛阳耐火材料厂旧址 ⑦

十号街坊 十一号街坊

① 铜加工厂
办公大楼

东马沟遗址 ⑧

周三王陵
⑨

周灵王陵 ⑩

推荐寻访方式
步行＋共享单车

推荐寻访路线
以铜加工厂办公大楼（厂区内不开放）为起点，向西至建设路与天津路交叉口参观轴承厂厂前广场和毛主席像。然后转中州西路西行至陕北二路口，路东为十一号街坊，路西为十号街坊。再往西前往长安路，在中国第一拖拉机制造厂正门前参观一拖厂前大门、办公楼、广场及毛主席像。向西至武汉路的矿山厂二号街坊、洛阳耐火材料厂旧址（厂区内部不开放）参观。沿武汉路向南行至孙石路口到东马沟村，东马沟遗址在村西台地。最后折回丝路大道向南，从南门进入周山森林公园参观周三王陵、周灵王陵。

推荐寻访时间
铜加工厂办公大楼在厂区外参观，轴承厂厂前广场和毛主席像参观，各10分钟。十一号街坊、十号街坊面积较大，可根据情况参观1小时左右。中国第一拖拉机制造厂厂区内不对外开放，厂门口文保内容较为丰富，可参观20分钟，广场西侧另有东方红农耕博物馆可参观。二号街坊较小，有焦裕禄等名人故居，但不开放，可参观20分钟。东马沟遗址位于村庄内，可选择参观。周灵王陵、周三王陵在周山森林公园山内，王陵之间有一定距离，公园有观景台可观洛阳盆地西部风貌，需步行前往，参观时间约2.5小时。综合以上所有文保点，所需时间1天。

584

洛阳耐火材料厂旧址

（吃土君／摄）

周灵王陵

（林赵成／摄）

线路 5（老城区—隋唐洛阳城遗址线）

玄武门遗址
⑦

明堂、天堂遗址
⑤

瑶光殿遗址
⑥

中国社会科学院考古研究所
洛阳工作站
④

应天门遗址
③ ②
洛阳周公庙

林森桥
①

推荐寻访方式
步行 + 共享单车

推荐寻访路线
本路线寻访重点是隋唐洛阳城宫城遗址及周边。以林森桥为起点，沿定鼎大道向北先参观洛阳周公庙，旁边是应天门遗址，中国社会科学院考古研究所洛阳工作站位于周公路步行街上。之后向北参观明堂、天堂遗址，瑶光殿遗址、玄武门遗址。

推荐寻访时间
林森桥现存河道内数座桥墩，参观约 10 分钟。洛阳周公庙、应天门遗址均为博物馆，参观时间各需 1 小时。中国社会科学院考古研究所洛阳工作站是中国考古文博事业发展的重要见证，不对外开放。明堂、天堂遗址参观时间为 2 小时左右，其西边有九洲池遗址景区（瑶光殿遗址在其中）可供参观，参观 30 分钟左右。玄武门遗址暂不对外开放。综合以上所有文保点，所需时间至少 1 天。隋唐洛阳城国家遗址公园范围很大，应天门遗址，明堂、天堂和瑶光殿遗址都有复建建筑。景区化运营，晚间开放时夜景灯光不错。

586

林森桥

（吃土君／摄）

中国社会科学院考古研究所洛阳工作站

（连达／摄）

线路6（老城区—洛邑古城线）

推荐寻访方式

步行 + 共享单车

推荐寻访路线

以潞泽会馆为参观起点，之后西行跨过新街抵达小石桥，再西行 100 米，到达位于洛邑古城景区内的洛阳文峰塔、金元洛阳故城。洛邑古城北出入口可以到达东大街，之后向西至鼓楼，沿鼓楼东 20 米的南北小巷向南，参观妥灵宫、河南府文庙外观及边上玻璃罩下烧窑遗址。之后原路返回鼓楼参观，沿东大街向东依次参观大石桥、东关清真寺、孔子入周问礼碑。

推荐寻访时间

潞泽会馆现为洛阳民俗博物馆，有众多精美雕刻，参观时间约 1 小时。洛阳文峰塔、金元洛阳故城所在的洛邑古城景区有歌舞表演、灯光秀等活动，整体参观时间约 1.5 小时。妥灵宫和河南府文庙均不对外开放。鼓楼、大石桥、东关清真寺、孔子入周问礼碑探访线路步行方便，整体参观 1.5 小时左右。综合以上所有文保点，所需时间至少半天。

洛阳文峰塔

（李琼／摄）

鼓楼

（李琼／摄）

于家大院

李祖仁大院

③ ④

② ⑤ 马家大院

① 河南府城隍庙

丽景门旧址

⑥ ⑦ 董家大院

仙果市街 ⑧
林家大院 安国寺

八路军洛阳办事处旧址

⑨

⑩

洛阳山陕会馆

推荐寻访方式

步行 + 共享单车

推荐寻访路线

以丽景门旧址为参观起点，沿丽景门西大街步行，路过河南府城隍庙辕门（不开放，可至中州东路参观威灵殿外观），按照需求在老城区西南隅步行可参观众明清大院（内部不开放）以及安国寺。之后向南行至九都东路前往八路军洛阳办事处旧址（南入口）、洛阳山陕会馆。

推荐寻访时间

本线路文保点集中，老城区西、东、南大街均为步行街，机动车辆不能进入。丽景门旧址是老城最具特色的标志性建筑之一，洛阳古城的西大门，参观约 30 分钟。老城区西南隅古城风貌相对较好，众明清大院大多数不开放，只能路过并参观外观，可按照需求进行走访，大约 2.5 小时。河南府城隍庙与安国寺均不对外开放。八路军洛阳办事处旧址现为纪念馆，参观时间约 1 小时。洛阳山陕会馆现为万里茶道博物馆所在地，参观约 1 小时。综合以上所有文保点，所需时间至少半天，时间允许可与老城区其他路线串联。

丽景门旧址

（李琼／摄）

安国寺（前殿）

（吃土君／摄）

含嘉仓 160 号仓窖遗址

③

祖师庙 **②**

洛阳宾馆 3 号楼

④

瀍河牧师楼

⑤　**⑥**

陈谢兵团新闻培训班旧址

⑦

老子故宅

①

福王府石狮

推荐寻访方式
步行 + 共享单车

推荐寻访路线
以福王府石狮为起点，然后向北参观北大街上的祖师庙。出安喜门至古仓街向北，按指示牌到达含嘉仓 160 号仓窖遗址。之后沿东南方向前往人民街上的洛阳宾馆，3 号楼在大门右前方。南边陈谢兵团新闻培训班旧址入口在康乐巷。再向东跨过新街可抵达瀍河牧师楼所在院落。之后沿新街、中州东路行至第一人民医院东侧小巷，向南 150 米处一院子内有老子故宅。

推荐寻访时间
福王府石狮，参观约 10 分钟。祖师庙现为洛阳老子纪念馆，参观时间约 30 分钟。含嘉仓 160 号仓窖遗址，现为洛阳仓窖博物馆，参观时间约 30 分钟。陈谢兵团新闻培训班旧址开辟为洛阳新闻博物馆（周一至周五开放），可根据需要参观。瀍河牧师楼位于学校内，不开放。老子故宅规模小，10 分钟左右可完成参观。综合以上所有文保点，所需时间至少半天。

福王府石狮
（贺兰鹩鹩／摄）

瀍河牧师楼
（吃土君／摄）

马坡清真中寺

⑥

⑤

回洛仓遗址

北窑遗址

④　③

清河文献王墓

②　上窑铸铜遗址

①

中共洛阳组诞生地

⑦　古唐寺遗址

⑧

塔湾清真东寺

推荐寻访方式

自驾

推荐寻访路线

以中共洛阳组诞生地为起点，之后向东北参观上窑铸铜遗址，然后去往西北方向的北窑遗址，再前往西边约1千米处的清河文献王墓。沿邙岭大道东行到达回洛仓遗址，向北参观马坡清真中寺。随后返回邙岭大道向东（不上高架），沿洛白辅路向东抵达古唐寺遗址。最后向南参观塔湾清真东寺。

推荐寻访时间

中共洛阳组诞生地位于新建的博物馆南侧，参观时间约20分钟。上窑铸铜遗址、北窑遗址没有明显标识，可路过参观地形地貌，各约10分钟。回洛仓遗址为洛阳仓窖博物馆，参观时间约1小时。马坡清真中寺、塔湾清真东寺都可以进入院内参观，各约20分钟。古唐寺遗址新建寺庙仅对特定群体在特定时间开放，但寺门前有明代刘文靖神道碑及多个散落的古碑，参观约20分钟。综合以上所有文保点，所需时间至少半天。

中共洛阳组诞生地

（张晓光／摄）

古唐寺遗址

（吃土君／摄）

推荐寻访方式

步行 + 共享单车，或自驾

推荐寻访路线

以厚载门遗址为起点，沿古城路向东至定鼎门遗址（含明教坊遗址、宁人坊遗址），然后向东可达长夏门遗址，之后沿古城路向东约 600 米折向北入村道可直达履道坊遗址，建春门遗址在其东北方向。接下来参观位于白碛村的白碛墓地和茹凹村韩家民居。最后参观位于龙门大道安乐段路东的邵雍祠。

推荐寻访时间

本路线主要涉及隋唐洛阳城遗址的城门、街坊遗址。厚载门遗址、长夏门遗址均为原址夯土展示，参观时间合计约 30 分钟。定鼎门遗址（含明教坊遗址、宁人坊遗址）开辟为博物馆，参观时间约 1 小时。履道坊遗址、建春门遗址均只有文保碑，可路过参观。白碛墓地有封土，参观约 10 分钟。茹凹村韩家民居所在村内道路狭窄，且有居民居住，根据需要可步行前往，参观时间约 15 分钟。进入邵雍祠需要许可，参观约 30 分钟。综合以上所有文保点，所需时间至少半天。

茹凹村韩家民居

（吃土君／摄）

邵雍祠

（许琰琛／摄）

线路 11（洛龙区—关林、龙门石窟）

① 水利设施遗址

② 洛龙区壁画墓

③ 关林

④ 龙门石窟

推荐寻访方式

公交 + 步行

推荐寻访路线

以水利设施遗址为起点，之后向南，洛龙区壁画墓位于金城寨街香山路口西，在学校内参观较困难，所在地道路旁有文保碑。向东沿关林路，可达关林。之后可以从龙门大道转车至龙门石窟参观。

推荐寻访时间

水利设施遗址是隋唐时期一处保存较好的与水利设施有关的古代建筑遗址，露天开放，洛龙区壁画墓不开放，整体花费时间约 30 分钟。关林参观时间约 2 小时，收费。龙门石窟景区范围大，收费，参观时间至少半天，具体参考龙门石窟内容介绍，着重参观重点洞窟、白居易墓、香山寺等。综合以上所有文保点，所需时间至少 1 天。

598

水利设施遗址

（吃土君／摄）

洛龙区壁画墓

（吃土君／摄）

599

推荐寻访方式

自驾，或步行 + 公交

推荐寻访路线

汉魏洛阳故城（含内城城垣、宫城、永宁寺塔基），现已建成汉魏洛阳故城国家考古遗址公园，以此为起点参观。沿旧 310 国道向西 1 千米可达白马寺，狄仁杰墓位于白马寺内。沿洛白路过枣园村涵洞，沿中州东路向西可达汉魏故城外郭城西城垣遗址，继续向西，可达黑王遗址、孙村孙氏家庙。

推荐寻访时间

汉魏洛阳故城（含内城城垣、宫城、永宁寺塔基），宫城和永宁寺塔基参观可现场预约，范围较大，参观时间 2 小时以上。白马寺为收费景点，可选择性地参观西侧的国际佛殿苑，整体时间约 2 小时。寺内位于白马寺本院与齐云塔院之间的狄仁杰墓（多数学者认为该墓墓主并非狄仁杰，而是同样受封为梁国公的薛怀义。狄仁杰及其家族墓群应位于孟津区翟泉村双碑凹一带），墓前的明代墓碑系由北朝造像碑改制而成，值得关注，参观约 15 分钟。汉魏故城外郭城西城垣遗址、黑王遗址仅有文保碑，孙村孙氏家庙院子公共区域可自由参观，整体时间约 30 分钟。综合以上所有文保点，所需时间大约 1 天。

狄仁杰墓
（唐时星光／摄）

狄仁杰墓
（严卫／摄）

601

李楼三官庙

② ——— ③ 苏秦墓

汉魏洛阳故城
南郊礼制建筑遗址
（灵台、明堂、辟雍、太学等）

⑧

⑦ 辟雍碑

⑥ 吕蒙正读书窑
旧址

⑤

相公庄黄氏祠堂

④

① 李楼村郭家老宅

潘寨关帝庙

推荐寻访方式

自驾

推荐寻访路线

本次寻访从李楼村郭家老宅开始，之后向东依次参观李楼三官庙、苏秦墓、潘寨关帝庙。然后到相公庄村参观黄氏祠堂和吕蒙正读书窑旧址。之后北行前往东大郊村的辟雍碑，最后继续北行参观汉魏洛阳故城之南郊礼制建筑遗址。

推荐寻访时间

本路线的众文保点规模都不大，单个参观时间都在 30 分钟之内。李楼村郭家老宅家有老人居住，参观需获得许可。李楼三官庙所在的三官庙村古称桃园街村，古代是水旱码头，漕运发达。苏秦墓所在的太平庄村相传是苏秦故里，墓前有多块古碑。潘寨关帝庙存大殿一座，木梁制作考究。相公庄黄氏祠堂精美砖雕、木雕和石雕具有较高的价值。吕蒙正读书窑旧址相传是宋代宰相吕蒙正和母亲居住的寒窑，除窑洞旧址外，存有吕公祠、吕蒙正画像碑等。辟雍碑所在院落钥匙在附近村民家中。汉魏洛阳故城之南郊礼制建筑遗址中，仅灵台遗址有地面遗存，其余均仅有文保碑，整体参观时间约 1 小时。综合以上所有文保点，所需时间大约 1 天。

潘寨关帝庙

（吃土君／摄）

相公庄黄氏祠堂

（吃土君／摄）

线路14（孟津区—邙山山下临黄河板块）

万佛山石窟 ⑨

营花寨遗址 ⑧

汉陵中学旧址 ⑦
⑥
汉光武帝陵 ⑤ 负图寺大殿（含碑刻）
拟山园帖石刻
④ ③
李际期墓
重修古夷齐祠碑记
② ① 扣马长赢门

推荐寻访方式

自驾

推荐寻访路线

寻访可从位于会盟镇扣马村的长赢门和重修古夷齐祠碑记开始，然后沿省道向西，在老城村寻访王铎故居祠堂内的拟山园帖石刻和村南部的李际期墓。龙马负图寺参观负图寺大殿（含碑刻），之后参观汉光武帝陵，继续向西参观白鹤镇中心小学内的汉陵中学旧址，经洛吉快速路过黄河前往营花寨遗址，最后参观万佛山石窟。

推荐寻访时间

扣马长赢门、重修古夷齐祠碑记相隔很近，整体参观30分钟。新建王铎故居祠堂内的拟山园帖石刻由著名书法家王铎所书，参观约30分钟。李际期墓石刻精美，保存较为完整，可探访40分钟。负图寺大殿（含碑刻）所在的龙马负图寺是收费景区，大殿西墙壁镶嵌有"北宋五子"等名人书画石刻多块，参观约50分钟。汉光武帝陵及西侧汉光武帝庙祠院内古柏、石刻、古碑内容丰富，参观约1小时。汉陵中学旧址现存两层楼房一座，可参观20分钟。营花寨遗址现存方形灰砖门墙一座，古柏一棵，参观约20分钟。万佛山石窟现存上、下两寺，可以与寺院工作人员沟通，近距离观赏上寺，参观约1小时。综合以上所有文保点，所需时间大约1天。

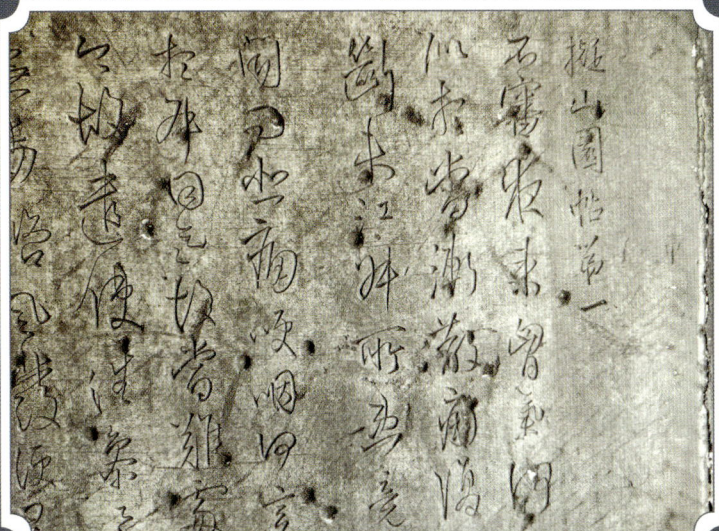

拟山园帖石刻
（吃土君／摄）

李际期墓
（于菅／摄）

线路 15（孟津区—邙山陵墓群）

新庄烧窑遗址 ⑫

⑪ 贾谊墓

后唐明宗徽陵　刘家井大冢
⑨　　　　　⑩

⑦ 朱仓升子冢
北魏孝明帝定陵 ⑧　　　⑥ 朱仓大冢

大汉冢 ⑤
④ 二汉冢
鹞店古寨 ②　　　③
三汉冢

① 象庄村石象

推荐寻访方式
自驾

推荐寻访路线
以象庄村石象为起点，向西北途经平乐镇鹞店古寨，向东及北依次抵达三十里铺村附近的三大汉冢，然后前往朱仓村的朱仓大冢、朱仓升子冢。北魏孝明帝定陵、后唐明宗徽陵、刘家井大冢均在连霍高速以北。之后向北寻访新庄村的贾谊墓、新庄烧窑遗址。

推荐寻访时间
此路线大部分寻访点为邙山陵墓群子项，均为露天陵墓，有封土，多数有文保碑和近年立的墓碑及碑亭，可自己掌握参观时间，整体需时大约 1 小时。象庄村石象有保护棚，需找村内文保员开锁，参观约 20 分钟。鹞店古寨全天开放，参观约 30 分钟。自朱仓升子冢至北魏孝明帝定陵将路过曹休墓（有墓室，暂不对外开放）。贾谊墓东北不远就是东汉贾武仲妻马姜墓，存有墓冢和新立的墓碑、碑亭。新庄烧窑遗址，寻访约 10 分钟。综合以上所有文保点，所需时间大约半天。

鹍店古寨

（袁登科／摄）

新庄烧窑遗址

（吃上君／摄）

线路 16（孟津区—西线）

谢家庄石窟 ⑥

石保吉、石保兴墓碑 ⑤

班超墓 ⑦

北魏孝文帝长陵 ③

④

魏家坡民居

元乂墓 ⑧

北魏宣武帝景陵 ①②

壁画墓

推荐寻访方式

自驾

推荐寻访路线

寻访从位于洛阳古墓博物馆内的北魏宣武帝景陵开始，之后参观北魏孝文帝长陵、魏家坡民居。后前往石碑凹村，石保吉、石保兴墓碑在村北面台地上。之后向北在孟津城区黄河公园内参观谢家庄石窟，最后往南寻访班超墓、元乂墓。

推荐寻访时间

北魏宣武帝景陵所在的洛阳古墓博物馆，是集帝陵、古墓葬及其附属文物、石刻和古代壁画为一体的墓葬专题博物馆，整体参观时间至少 2.5 小时。北魏孝文帝长陵已经封闭保护，魏家坡民居已开发为景区，整体参观约 1 小时。石保吉、石保兴墓碑所在的石碑凹村是中国传统古村落，存有较多古民居、地坑院，参观时间约 1 小时。谢家庄石窟是小型石窟，全天开放，参观约需 30 分钟。班超墓北侧新建班超纪念馆，元乂墓封土保存较完整，整体需时约 1 小时。需要注意的是，洛阳古墓博物馆、北魏孝文帝长陵等区域因临近飞机场，为无人机禁飞区。综合以上所有文保点，所需时间大约 1 天。

608

魏家坡民居

（吃土君／摄）

谢家庄石窟

（吃土君／摄）

线路 17（偃师区—二里头遗址线）

推荐寻访方式

自驾

推荐寻访路线

以二里头遗址为参观起点，向南至高崖村小学即抵达偃师兴福寺大殿，高崖遗址在村内田地中。参观完高龙村东北部中岳庙大殿后，前往刘国故城寻访。最后，寻访缑氏镇南家村张氏节孝坊和程村东的程震墓碑。

推荐寻访时间

二里头遗址的博物馆、遗址公园需预约，参观时间约 2.5 小时。偃师兴福寺大殿在高崖村小学内，进入需获得许可，参观 20 分钟，同村有百年天主教堂可顺便参观。高崖遗址现场无文保碑。中岳庙大殿为琉璃大殿，参观 20 分钟。刘国故城有多个文保碑，参观约 20 分钟。张氏节孝坊在村内道路上，参观 15 分钟。程震墓碑碑文由元好问撰写，碑阴刻有程氏族谱，参观 20 分钟。综合以上所有文保点，所需时间大约半天。

中岳庙大殿
（于营／摄）

程震墓碑
（荒海君／摄）

线路 18（偃师区—缑氏镇线）

唐昭宗李晔和陵
⑦
⑥ 恭陵
玄奘故里 ⑧
⑨
偃师中学旧址
唐僧寺 ①
⑤ 滑国故城
升仙太子碑 ②
③
洛京缑山改建
先天宫记碑
④
乔氏绣楼

推荐寻访方式
自驾

推荐寻访路线
寻访从缑氏镇唐僧寺开始，之后沿乌海线至缑山上的升仙太子碑，洛京缑山改建先天宫记碑在缑山下南边。参观完位于夹沟村内的乔氏绣楼后，向北行参观滑国故城。然后向西北寻访恭陵与唐昭宗李晔和陵。最后前往陈河村的玄奘故里，偃师中学旧址在其南边。

推荐寻访时间
唐僧寺参观时间约 30 分钟。升仙太子碑所在院落封闭管理，需事先联系才能参观，院落外有清代乾隆御制诗碑、宋代重修升仙太子大殿记碑，洛京缑山改建先天宫记碑在山下农田中，以上参观整体时间约 1 小时。乔氏绣楼院落年久失修，需时 20 分钟。滑国故城有文保碑、文化堆积层和清代所修寨门，需时 30 分钟。恭陵有丰富石刻，封土可以登顶，一览神道全貌，需时约 1.5 小时。唐昭宗李晔和陵仅有现代碑刻一块。玄奘故里参观时间约 50 分钟。偃师中学旧址现为泰山庙，需时 30 分钟。综合以上所有文保点，所需时间大约 1 天。

唐僧寺
（邵世海／摄）

偃师中学旧址
（张晓光／摄）

线路 19（偃师区—偃巩 S312 沿线）

① 尸乡沟商城遗址
② 汤泉沟遗址
③ 颜真卿墓
④ 周苌弘墓
⑤ 玉帝阁
⑥ 大宋新修会圣宫铭碑
⑦ 王铎墓
⑧ 偃师九龙庙

推荐寻访方式

自驾

推荐寻访路线

以尸乡沟商城遗址为起点，向东至汤泉村寻访颜真卿墓和汤泉沟遗址。然后向东至化碧村北的周苌弘墓。之后按路标指示即可抵达玉帝阁，大宋新修会圣宫铭碑在其东边约 300 米处。最后寻访王铎墓和偃师九龙庙。

推荐寻访时间

尸乡沟商城遗址宫城区域目前不开放，有城墙遗存可以远观，有多处文保碑，参观约 30 分钟。颜真卿墓在汤泉村颜真卿小学旁的台地上，参观约 20 分钟。汤泉村有重修的汤泉寨寨门，为三普重要新发现。周苌弘墓在村北山坡上，无明显标识，具体位置需要向附近村民询问，需时约 20 分钟。玉帝阁初一、十五开放，二楼内有壁画，大宋新修会圣宫铭碑的文保员的田地就在边上，可询问开门，两处参观约 1 小时。王铎墓现存两匹石马及部分石构件，赑屃碑座在石马南边约 100 米，寻访约 20 分钟。偃师九龙庙有彩绘，庙中存放有王铎墓翁仲，参观约 1 小时。综合以上所有文保点，所需时间大约半天。偃师有一种叫"银条"的土特产，是偃师独有的蔬菜品种，色白鲜嫩，明朝弘治年间曾为宫廷贡品，可顺路品尝。

颜真卿墓
（吃土君／摄）

王铎墓
（吃土君／摄）

线路 20（偃师区—首阳山线）

晋武帝峻阳陵 ①

吕不韦墓 ②

杜甫墓 ③

晋文帝崇阳陵 ④

偃师博物馆部分碑刻 ⑤
（平等寺造像碑、寺沟造像碑、
防旱碑记、大唐三藏圣教序碑）

推荐寻访方式
自驾

推荐寻访路线
本段寻访以首阳山地域为主。自晋武帝峻阳陵开始，向南直至华夏西路的大冢头村东，寻访
吕不韦墓。继续向东抵达位于杜楼村的杜甫墓，杜甫墓北边约 2 千米处就是晋文帝崇阳陵。
最后沿商都西路至偃师博物馆，可寻访四项省保。

推荐寻访时间
晋武帝峻阳陵位于南蔡庄北鏊子山山坡上，地表现立文保碑标识，部分路段需步行，总体耗
时约 30 分钟。所在地现为村民墓地，寻访请注意遵循本地风俗习惯。吕不韦墓存有封土，参
观约 15 分钟。杜甫墓为家族墓，开辟为杜园，园内另有杜预、杜审言墓，参观约需 20 分钟。
晋文帝崇阳陵地表现立文保碑标识，寻访时间 15 分钟。偃师博物馆内除了四项省级文物保护
单位（平等寺造像碑、寺沟造像碑、防旱碑记、大唐三藏圣教序碑）外，精品石刻众多，参
观时间约 2 小时。平等寺造像碑为一组北齐造像碑，共四通，分别是天统三年（567）邑主韩
永义等人造像碑、崔永仙等人造像碑，武平二年（571）邑师比丘僧道略等三百人造像碑，武
平三年（572）冯翊王造像碑。它们原本位于寺里碑村南，后移入馆内。寺沟造像碑原位于寺
沟村，为北朝晚期的造像碑，正面有三层造像，背面有文殊维摩诘对坐和造像题记。防旱碑
记，清光绪二十八年（1902）立，记述光绪二年至四年缺雨少雪而造成的土地干旱、终成凶
年的情况。大唐三藏圣教序碑原位于偃师招提寺（唐玄奘法师故里），王行满书，特殊年代遭
毁坏，馆内现存残石。综合以上所有文保点，所需时间至少半天，时间允许可与偃师区其他
路线串联。

杜甫墓

（贺兰鹧鸪／摄）

平等寺造像碑

（吃土君／摄）

617

线路 21（偃师区—洛南东汉帝陵线）

M1030 ①
M1038 ②
M1052 ③
M1048 ④
M1055 ⑤
M1054 ⑥
M1079 ⑦

司马光独乐园
遗址
⑬ ⑫ ⑪
许文正公祠

中共豫西特委梁村
旧址

宋故赠中书令
良僖李公神道碑
⑩

北魏圜丘遗址
（含禹宿谷堆石窟寺）
⑨

西朱村曹魏墓
⑧

推荐寻访方式
自驾

推荐寻访路线
本次寻访以东汉帝陵南兆域陵区为主，寻访区域内的编号依次为 M1030、M1038、M1052、M1048、M1055、M1054、M1079 的洛南东汉帝陵子项。之后向南依次前往西朱村曹魏墓、北魏圜丘遗址（含禹宿谷堆石窟寺）寻访。然后向北寻访袁沟村南边的宋故赠中书令良僖李公神道碑，最后向西依次参观中共豫西特委梁村旧址、许文正公祠和司马光独乐园遗址。

推荐寻访时间
洛南东汉帝陵子项除 M1030 外，地表均有封土，陵墓之间有乡村公路，整体探访需 2.5 小时左右。西朱村曹魏墓已被发掘，若能入内参观，时间约 30 分钟。北魏圜丘遗址在公路边，可登大平台望禹宿谷堆（相传为大禹治水时的歇息处），参观时间 30 分钟。宋故赠中书令良僖李公神道碑是北宋名臣李昭亮墓前的神道碑，参观约需 15 分钟。中共豫西特委梁村旧址（原梁氏祠堂）、许文正公祠规模不大，各需时 20 分钟。司马光独乐园遗址参观需时 15 分钟。综合以上所有文保点，所需时间至少半天。

北魏圜丘遗址鸟瞰

（贺兰三鹏鹤／摄）

许文正公祠

（吃上君／摄）

推荐寻访方式

自驾

推荐寻访路线

本次寻访从水泉村的大谷关遗址、水泉石窟开始，之后向东北经龙少路先后抵达寨湾遗址、郭村老君庙参观。然后南行前往牛心山石牌坊，最后前往位于双龙山省级森林公园内的宋陵采石场，寻访遗存的部分石刻造像、题记及采石遗迹。

推荐寻访时间

大谷关遗址关城重建中，完工后可与客家之源纪念馆一起参观，整体参观时间约 1.5 小时。水泉石窟需联系文保员进窟内参观，参观时间约 30 分钟。寨湾遗址有南、北两段，寻访时间 20 分钟。郭村老君庙需联系文保员进入，参观约 20 分钟。牛心山石牌坊是牛心山上的洪江寺附属建筑，整体参观约 40 分钟。至宋陵采石场文保碑后，还需步行约 30 分钟才能到达遗址核心区，总体寻访时间约 1.5 小时。遗址有两处，第一处在第一块国保碑下方沟谷水坝之侧，有金代题记；第二处遗存较为丰富，需从第二块国保碑位置右侧下行进入山沟，沿小路前行方可进入。该段道路较险峻，网络信号差，雨天及其他恶劣天气请勿前往。综合以上所有文保点，所需时间大约 1 天。

大谷关遗址
（贺兰鹈鹕／摄）

牛心山石牌坊
（顾军／摄）

線路 23（新安县—北线）

玉皇阁
⑥

⑤ 新安县抗日民主政府
旧址

④ 韩钧故居

新安城隍庙
③ ② ① 新安函谷关

新安文庙

推荐寻访方式

自驾

推荐寻访路线

以新安函谷关为寻访起点，之后西行到新安县县城参观新安文庙、新安城隍庙。北行石井镇
方向，在西地村参观韩钧故居，在刘黄村和黑扒村参观新安县抗日民主政府旧址，最后前往
石井镇黄河岸边的荆紫仙山景区内参观玉皇阁。

推荐寻访时间

新安函谷关参观约 1 小时。新安文庙、新安城隍庙在当地学校内，近距离参观需被允许，需
时各约 20 分钟。韩钧故居不对外开放，且路况较差，外围参观时间约 20 分钟。刘黄村参观
时间约 20 分钟，黑扒村为省级传统古村落，分布大量石房民居，参观需 1 小时。荆紫仙山景
区内的玉皇阁，可观黄河，参观时间约 2.5 小时。综合以上所有文保点，所需时间至少半天。
若时间允许，还可前往黛眉山脚下东山底村的黛眉奶奶庙。

新安文庙
（林赵成／摄）

新安县抗日民主政府旧址——刘黄村
（张晓光／摄）

623

①薛村吕氏宅院

②庙头裴氏祠堂

千唐志斋石刻 **③** **④** 西沃石窟

⑤ 张钫宅院

⑥ 新安洞真观

⑦ 陈村古道观

推荐寻访方式

自驾

推荐寻访路线

以薛村吕氏宅院为起点，沿西南方向到庙头村参观庙头裴氏祠堂。之后前往千唐志斋博物馆，参观千唐志斋石刻、西沃石窟及附近的张钫宅院。再向南前往新安洞真观参观，最后到达铁门镇陈村，参观陈村古道观。

推荐寻访时间

薛村吕氏宅院分南北区域，有吕氏后代居住，参观时间需 40 分钟。庙头裴氏祠堂参观约 10 分钟。千唐志斋博物馆内的西沃石窟因修建小浪底水利工程迁移至此，馆内的张钫将军墓由八宝山革命公墓迁回，张钫宅院及北侧新建的千唐志斋博物馆新馆紧邻老博物馆，此处整体参观时间约 2.5 小时。新安洞真观参观需 50 分钟，陈村古道观参观 20 分钟。综合以上所有文保点，所需时间至少半天。

西沃石窟

（贺兰鹈鹕／摄）

张钫宅院

（贺兰鹈鹕／摄）

线路 25（伊川县—范仲淹墓线）

范仲淹墓
① 姚崇墓 ②

温氏宅院 ③

后梁宣陵
④

自由县县衙旧址 ⑤
⑥ 兴隆寨寨门

土门遗址 ⑦

⑧ 伊川净土寺

⑨ 庄子墓

⑩ 白元遗址

推荐寻访方式
自驾

推荐寻访路线
以范仲淹墓及其附近的姚崇墓为起点，接着向东南前往吕店镇温沟村参观温氏宅院，向西南方向前往常岭村寻访后梁宣陵，白沙村老街参观自由县县衙旧址、兴隆寨寨门。向西寻访位于白元镇土门村东面山上的土门遗址后，沿省道按标识南行可达伊川净土寺。最后前往白元村参观庄子墓和白元遗址。

推荐寻访时间
范仲淹墓、姚崇墓附近唐宋墓葬荟集，可根据情况参观 2 小时左右。温氏宅院所在的温沟村是革命老区，参观时间约 1 小时。后梁宣陵参观需 10 分钟。自由县县衙旧址是洛阳地区保存较好的一处民国时期的政府建筑旧址，与兴隆寨寨门整体参观需时约 30 分钟。土门遗址参观需 10 分钟，伊川净土寺参观需 20 分钟，庄子墓、白元遗址参观各约 10 分钟。综合以上所有文保点，所需时间至少半天。

姚崇墓

（赵茜／摄）

伊川净土寺

（吃土君／摄）

线路 26（伊川县—程颐程颢墓线）

① 文彦博墓
② 程颐、程颢墓
④ 王庄黄龙庙
③ 伊川故城
⑤ 邵雍墓
⑨ 徐阳墓地
⑧ 鸣皋南岳庙
⑦ 伊川书院
⑥ 吕寨石窟

推荐寻访方式

自驾

推荐寻访路线

该线路主要是对伊川县伊河西岸文保的串联。以文彦博墓为起点，沿二程路抵达程颐、程颢墓。然后南行前往古城村寻访伊川故城，之后向西北参观楼子沟村的王庄黄龙庙，南行前往邵雍墓。西南行途经鹿嵩线、洛栾线前往吕寨石窟，之后前往鸣皋村的伊川书院、鸣皋南岳庙。最后寻访徐阳墓地。

推荐寻访时间

寻访文彦博墓需 10 分钟。程颐、程颢墓所在的二程文化园面积较大，可直接前往祠堂、墓园，参观时间约 1 小时。伊川故城需时 10 分钟。王庄黄龙庙钥匙在近处村民家，参观时间约 30 分钟。邵雍墓遗存较丰富，参观需时 30 分钟。吕寨石窟是洛阳地区较为精美的北朝石窟，位于山上，须徒步攀登，寻访约需 1 小时。伊川书院内有宋柏、元碑（赵孟頫碑刻），钥匙在书院门对面的村民家，参观约 30 分钟。鸣皋南岳庙参观时间为 30 分钟，徐阳墓地需 10 分钟。综合以上所有文保点，所需时间大约 1 天。

吕寨石窟
（吃土君／摄）

伊川书院
（张晓光／摄）

线路 27（宜阳县—灵山寺线）

推荐寻访方式

自驾

推荐寻访路线

本线路主要通过洛河两岸省道或高速公路联通。以召伯听政处碑为起点，向西北前往后晋显陵。向南过洛河前往灵山寺参观。然后沿高速至赵堡方向，前往西赵堡村兴泰宫遗址寻访。之后东北行依次寻访二里庙瓷窑遗址、邵窑遗址、虎头寺石窟、黄龙庙遗址。

推荐寻访时间

召伯听政处碑位于甘棠村召伯文化广场内，参观约 15 分钟。后晋显陵，参观约 20 分钟。灵山寺近年扩建为大型景区，内有河南第三大塔林，需时 1.5 小时。兴泰宫遗址为唐代宫城遗址，是武则天所建的行宫，寻访约 15 分钟。二里庙瓷窑遗址、邵窑遗址，参观各约 10 分钟。虎头寺石窟是洛阳地区重要的北朝石窟造像群遗存，崖上刻造佛像近千尊，另有碑刻一通，参观时间约 30 分钟。黄龙庙遗址是新石器时代的文化遗址，寻访约 10 分钟。综合以上所有文保点，所需时间大约半天。

召伯听政处碑

（张晓光／摄）

虎头寺石窟

（吃土君／摄）

推荐寻访方式

自驾

推荐寻访路线

以宜阳韩都故城的东北角城墙遗址为起点，西南途经韩都故城国保碑后数百米即到达宜阳韩城城隍庙。之后西南行参观宜阳福昌阁、福昌城遗址。继续西南方向前往五花寺塔、宜阳光武庙，最后寻访后寨陈氏祠堂。

推荐寻访时间

宜阳韩都故城附近有韩王墓，整体寻访时间约 50 分钟。宜阳韩城城隍庙，参观约 20 分钟。宜阳福昌阁、福昌城遗址，整体参观约 40 分钟。五花寺塔及附近的近代修复的唐代著名诗人李贺故里标识、复建的三乡驿站等，近年当地在三乡复建了李贺慕塔，以供后人怀古凭吊，整体参观约 1.5 小时。宜阳光武庙位于五花寺塔北边山坡上，相传是汉光武帝刘秀收服赤眉军的地方，参观约 30 分钟。后寨陈氏祠堂仅剩一栋古建筑，参观约 15 分钟。综合以上所有文保点，所需时间大约半天，若时间允许可与宜阳县其他路线串联。宜阳韩城羊肉汤、王殿子烧鸡较为知名。

宜阳韩城城隍庙
（张晓光／摄）

宜阳光武庙
（林赵成／摄）

线路 29（宜阳县—苏羊遗址线）

工部尚书宋礼墓 ⑤

宋礼祠堂 ④

隋炀帝杨广墓 ③

程氏旧宅 ②

苏羊遗址 ①

推荐寻访方式

自驾

推荐寻访路线

以苏羊遗址为寻访起点，之后沿东宋镇方向，在丈庄村参观程氏旧宅。继续向西北至宋村附近可看到隋炀帝杨广墓的巨大墓冢。最后前往东宋镇马村参观宋礼祠堂和村北边约 2 千米丘陵上的工部尚书宋礼墓。

推荐寻访时间

苏羊遗址所在的苏羊村是中国传统村落，整体参观约 50 分钟。程氏旧宅的祠堂、绣楼等保存较好，参观需 30 分钟。隋炀帝杨广墓真正的墓主身份成谜，寻访约 20 分钟。宋礼是明代著名水利官员，《明史》赞其"一品高官无嬴资，清风两袖垂后昆"，宋礼祠堂与工部尚书宋礼墓整体参观时间约 50 分钟。综合以上所有文保点，所需时间大约半天。

程氏旧宅

（张晓光／摄）

隋炀帝杨广墓

（张晓光／摄）

线路 30（洛宁县）

推荐寻访方式

自驾

推荐寻访路线

以赵村镇西王村遗址为寻访起点，之后沿高速公路前往西长水村参观洛出书处碑。然后向东依次前往马东村泰山庙、中原村清真寺、王范清真寺参观。最后到洛宁县城参观洛宁城隍庙、洛宁文庙、聚魁楼。

推荐寻访时间

西王村遗址文保碑位于村路边，寻访约 10 分钟。洛出书处碑位于洛河"出山入川"的分界线，是传说中"洛出书"这一故事的发生地，所在洛神庙内现存历代碑刻数通，参观约 20 分钟。马东村泰山庙，参观约 20 分钟。中原村清真寺和王范清真寺日常开放，参观时间各约 20 分钟。洛宁城隍庙是明清官式建筑群，其崇圣殿在戟门之外，颇为有趣，参观约 30 分钟。洛宁文庙一部分在当地学校内，另一部分在学校外北边，参观约 30 分钟。聚魁楼参观约 10 分钟。综合以上所有文保点，所需时间大约半天。洛宁蒸肉（做法与四川等地常见做法不同）、酸牛肉、糊卜、扯面等较有特色。

中原村清真寺

（云巅晚照／摄）

洛宁文庙

（吃土君／摄）

以上地图标注：
- ① 魏明帝高平陵
- ② 王凌汉庄园
- ③ 杜康墓、杜康庙、杜康遗址
- ④ 古严庄遗址
- ⑤ 汝阳文庙
- ⑥ 李庄碉楼
- ⑦ 观音寺

推荐寻访方式

自驾

推荐寻访路线

以魏明帝高平陵为寻访起点，之后向西参观王凌汉庄园，然后前往杜康仙庄内的杜康庙、杜康墓、杜康遗址参观，再向南至汝阳县城附近寻访古严庄遗址、汝阳文庙。继续向南在参观完李庄碉楼后向东前往观音寺参观。

推荐寻访时间

魏明帝高平陵寻访约 10 分钟。王凌汉庄园是洛阳地区保存较好的一座民国时期的庄园建筑，也是抗日名将王凌云将军故居，参观时间约 30 分钟。杜康墓、杜康庙、杜康遗址位于杜康仙庄景区内，整体参观约 1.5 小时。古严庄遗址参观需 10 分钟。汝阳文庙仅剩保存不错的大成殿，参观约 15 分钟。李庄碉楼现存有李家碉楼和阎家碉楼，整体参观约 30 分钟。观音寺参观约 30 分钟。综合以上所有文保点，所需时间大约半天。汝阳杜康酒、蔡店卤肉、梅花玉知名度高。

王淩汉庄园
（张晓光／摄）

观音寺
（于营／摄）

① 铺沟石窟
② 两程故里
③ 万氏故居及万氏佳城
④ 朱村朱熹祠
⑤ 桥北村遗址
⑥ 嵩县财神庙舞楼
⑦ 大章关帝庙
⑧ 旧县城隍庙及舞楼
⑨ 前河大桥
⑩ 竹林寺
⑪ 伊尹祠

推荐寻访方式
自驾

推荐寻访路线
以铺沟石窟为寻访起点，之后向西南前往两程故里，然后继续向西前往万氏故居及万氏佳城。参观完朱村朱熹祠后，向南到达桥北村遗址寻访。在嵩县县城参观嵩县财神庙舞楼。之后往西南方向到达大章关帝庙，后前往旧县城隍庙及舞楼。沿省道可抵达前河大桥参观，最后向东北前往嵩县县城东南方向的竹林寺和伊尹祠参观。

推荐寻访时间
铺沟石窟在铺沟村边，可参观 20 分钟。两程故里由两程故里石坊和两程祠构成，整体参观约 1 小时。万氏故居及万氏佳城是曾任民国河南省主席万选才的故居和墓园，两地相距约 2 千米，整体参观约 1 小时。朱村朱熹祠参观需联系文保员，用时约 20 分钟。桥北村遗址参观需 10 分钟。嵩县财神庙舞楼是洛阳地区保存较好的清代戏台建筑，参观约 20 分钟。大章关帝庙需 20 分钟，旧县城隍庙及舞楼需用时 20 分钟。前河大桥是当时国内最大跨度的钢筋混凝土双曲拱桥，桥上标语具有鲜明时代特色，参观约 30 分钟。竹林寺和伊尹祠（需联系开门），参观各 20 分钟。综合以上所有文保点，所需时间大约 1 天。嵩县县城在陆浑水库旁，伊河鲂鱼和陆浑银鱼等较为知名。

嵩县财神庙舞楼

（刘雷／摄）

旧县城隍庙舞楼

（张晓光／摄）

线路 33（栾川县）

潭头河南大学旧址 ①

靳家楼 ②

抱犊寨 ⑨

孙家洞遗址 ③

七里坪遗址 ④

老君山铁造像 ⑤

龙泉洞遗址 ⑥

常氏石刻

墁子头遗址 ⑧ ⑦

推荐寻访方式

自驾

推荐寻访路线

以潭头河南大学旧址为寻访起点，之后前往位于重渡沟景区的靳家楼。然后前往栾川县城，可依次参观孙家洞遗址、七里坪遗址、龙泉洞遗址、常氏石刻、墁子头遗址。老君山铁造像、抱犊寨均在景区内，可根据需要参观。

推荐寻访时间

潭头河南大学旧址农学院所在的大王庙村是中国传统古村落，可参观约 1.5 小时，其他办学旧址在附近村庄，可选择参观。靳家楼所在的重渡沟景区范围大，整体约 2 小时。孙家洞遗址和七里坪遗址各需 20 分钟。老君山铁造像在老君山上，参观需 3 小时以上。龙泉洞遗址需约 20 分钟，常氏石刻需 30 分钟，墁子头遗址需约 10 分钟，抱犊寨需约 2 小时。因靳家楼、老君山铁造像、抱犊寨均位于收费景区内，且景区较大，可选择性参观。以上所有文保点如要全部参观，所需时间为 2 天。栾川豆腐、栾川肉丝面、八大碗、伏牛山珍知名度高。

专题线路

这一部分以专题为主线，设计了十条主题线路。与其他寻访线路不同的是，这十条线路仅提供相关的文保点，不对线路和文保点本身做过多介绍，相应内容请在"华夏古迹图"App 或微信小程序中查阅。

1. 群窟天成专题

石窟寺是洛阳地区十分重要的文化遗产。洛阳地区的石窟寺遗存有如下特点：时间跨度极长；佛教占据绝对多数；各种规模一应俱全；皇家民间工程并举；造像内容题材众多；多在交通要道附近。北魏和唐代，尤其是北魏后期和唐高宗武则天时期，是洛阳石窟寺艺术的两个顶峰。在这两个时期，分别形成了北魏龙门模式和唐代龙门模式两种佛教艺术模式，对全国产生了重要的影响。

涉及文保：

国保—龙门石窟、万佛山石窟、水泉石窟

省保—虎头寺石窟、西沃石窟、谢家庄石窟、铺沟石窟、平等寺造像碑、寺沟造像碑

市保—吕寨石窟

2. 古建今寻专题

洛阳地区历史文化厚重、底蕴丰富，但由于战乱频仍，古建筑遗存并不非常丰富。当前洛阳的古建筑遗存种类多样、级别广泛，具有较高的价值。

涉及文保：

国保—白马寺、关林、周公庙、洛阳山陕会馆、河南府文庙、祖师庙、潞泽会馆、灵山寺

省保—洛宁隍城庙、魏家坡民居、河南府城隍庙、洛阳文峰塔

市保—大石桥、鼓楼、相公庄黄氏祠堂

3. 明清民居专题

这条线路所推荐的是一批低等级文保——洛阳城区内的明清民居。洛阳城区有大量明清民居建筑遗存，主要分布在明清洛阳城的范围内。这些民居历经风雨沧桑，保存情况已经不容乐观，亟待采取更进一步的保护措施。由于各种原因，这些民居大都无法直接入内

探访。

涉及文保：

省保—魏家坡民居、上戈乔家大院、程氏旧宅、张氏旧宅、薛村吕氏宅院

市保—李祖仁大院、张祥发大院、林家大院、马家大院、潘家大院、史家大院、林家故居、于家大院、庄家大院、王炳耀宅院

其他：请参考华夏古迹图所显示的位于老城区的洛阳市历史建筑。

4. 访陵怀古专题

洛阳是全国古代墓葬分布最为集中的地区之一，其中，尤以"尽是洛阳人旧墓"的邙山地区为最。以邙山为中心，洛阳的古代墓葬呈区块分布，其中，最引人注目的便是帝王陵墓。洛阳目前已知的帝王陵墓跨越了东周、东汉、曹魏、西晋、北魏、唐、后梁、后唐、后晋等朝代，时间久、数量多。该专题线路即以现存的帝王陵墓为主线进行推荐。

涉及文保：

国保—邙山陵墓群、后晋显陵、唐恭陵、洛南东汉帝陵、西朱村曹魏墓

省保—后梁宣陵、元乂墓、洛龙区壁画墓、李际期墓

市保—元怿墓、周灵王陵、周三王陵、周庄王陵、唐昭宗陵、察罕帖木儿墓、伊厉王墓

5. 保境佑民专题

这一部分主要包括洛阳地区的民间信仰和公共祭祀建筑，由文庙、城隍庙、地方性庙宇等组成。洛阳的相关遗存目前为数众多，值得一看。

涉及文保：

国保—关林、河南府文庙、偃师九龙庙、洛阳周公庙

省保—河南府城隍庙、负图寺大殿（含碑刻）、洛宁城隍庙、洛宁文庙、洛宁陷城庙、新安文庙、新安城隍庙、伊尹祠、老君山铁造像、金山庙、马东村泰山庙、中岳庙大殿、游殿玉皇庙天爷阁、宜阳光武庙、鸣皋南岳庙、嵩县财神庙舞楼、阎凹玄帝庙舞楼

市保—妥灵宫、龙潭寺、黛眉奶奶庙、王庄黄龙庙、旧县城隍庙舞楼、汝阳文庙、杜康庙、宜阳韩城城隍庙、大东村火神庙、李楼三官庙、岱岳宫

6. 追寻三代专题

以洛阳为中心的伊洛河流域是三代文明的核心区域。司马迁说："昔三代之居，皆在河洛之间"，而何尊铭文中"宅兹中国"的"中国"也是指洛阳地区。夏商周在河洛大地上打下了早期中国的文明烙印，也留下了不胜枚举的历史痕迹。

涉及文保：

国保—王湾遗址、二里头遗址、尸乡沟商城遗址、洛阳东周王城、宜阳韩都故城、刘国故城、滑国故城、徐阳墓地

省保—灰嘴遗址、西周铸铜遗址、洛邑祭祀遗址、瞿家屯建筑基址、苏秦墓、孔子入周问礼碑、负图寺大殿（含碑刻）、洛出书处碑

市保—老子故宅、九都路粮仓遗址、周苌弘墓、重修古夷齐碑记、召伯听政处碑、甘棠寨遗址、上清宫

7. 汉晋风华专题

汉高祖刘邦平定天下，初欲都洛，虽然之后国都迁往关中，但并未影响洛阳成为全国最繁荣的城市之一。东汉一统，定都洛阳，营建汉魏洛阳城，开启了大一统局面，也带来了洛阳的又一个高峰期。东汉、曹魏、西晋，三个王朝，在洛阳你方唱罢我登场，呈现了一场历史的兴衰轮回。

涉及文保：

国保—白马寺、汉魏洛阳故城、邙山陵墓群（东汉陵区、西晋陵区、石象）、洛南东汉帝陵、西朱村曹魏墓、新安函谷关

省保—新庄烧窑遗址、古辕辕关、宜阳光武庙

市保—新门庄刑徒墓地、汉河南县城、白碛墓地、北魏圜丘遗址（含禹宿谷堆石窟寺）、大谷关遗址

8. 探隋追唐专题

隋唐时期是洛阳的辉煌期。隋炀帝杨广营建东都洛阳，洛阳再次成为国际化大都市。唐高宗、武则天时期，洛阳更是成为首屈一指的国际中心，那座繁华的神都洛阳，对今日仍有影响。

涉及文保：

国保—隋唐洛阳城遗址、唐恭陵、千唐志斋石刻、升仙太子碑、大运河

省保—天津桥石基、水利设施遗址、福昌城遗址、大唐三藏圣教序碑、杜甫墓、姚崇墓、玄奘故里、苗南烧窑遗址

市保—兴泰宫遗址、唐昭宗和陵、颜真卿墓

9. 问宋寻明专题

时间的车轮进入北宋，随着运河水路的东移与经济中心的变化，洛阳逐渐衰落。但衰落中又孕育着新的生机，洛阳文教兴盛，环境优美，成了读书学习、退休归隐的理想之地。明清时期，洛阳像一位步履蹒跚的老人，缓缓走入历史的尘埃之中。

涉及文保：

国保—五花寺塔、河南府文庙、两程故里、范仲淹墓、大宋新修会圣宫铭碑、宋陵采石场、程颐程颢墓

省保—安国寺、金元洛阳故城、邵雍墓、程震墓碑、二里庙瓷窑遗址、邵雍祠、福王府石狮、石保吉石保兴墓碑、伊川书院

市保—司马光独乐园遗址、吕蒙正读书窑旧址、许文正公祠、护国迎恩寺、文彦博墓、王铎墓、鼓楼、红洞沟李自成义军矿冶遗址

10. 百年峥嵘专题

历史来到近现代，洛阳也是全国重要的城市之一。中国共产党在河南的第一个党组织在洛阳诞生，吴佩孚在这里指挥四方，国民政府以此为"行都"，毛主席为洛阳的解放做出重要批示，新中国的工业建设以此为重心……在洛阳，通过各级文保单位，我们共同回望百年峥嵘岁月。

涉及文保：

国保—洛阳西工兵营、八路军驻洛阳办事处旧址、洛阳涧西苏式建筑群

省保—中共洛阳组诞生地、常氏石刻、林森桥、偃师八路军豫西抗日独立支队司令部旧址、潭头河南大学旧址、陈谢兵团新闻培训班旧址、洛阳耐火材料厂旧址、前河大桥、洛阳博物馆主展楼

市保—陈赓兵团居住旧址、瀍河牧师楼、东寺庄周总理视察纪念地、洛阳宾馆3号楼

参考文献

著作：

［1］洛阳市地方史志编纂委员会.洛阳市志・文物志［M］.郑州：中州古籍出版社，1995.

［2］伊川县史志编纂委员会.伊川县志：1986—2000［M］.北京：中华书局，1999.

［3］中国社会科学院考古研究所.中国考古学・夏商卷［M］.北京：中国社会科学出版社，2003.

［4］中国社会科学院考古研究所.中国考古学・两周卷［M］.北京：中国社会科学出版社，2004.

［5］国家文物局.中国文物地图集・河南分册［M］.北京：文物出版社，2009.

［6］中国社会科学院考古研究所.中国考古学・新石器时代卷［M］.北京：中国社会科学出版社，2010.

［7］许武章，许菁斐注.宜阳县志（民国七年版）［M］.郑州：中州古籍出版社，2012.

［8］段鹏琦.汉魏洛阳故城［M］.北京：文物出版社，2009.

［9］中国社会科学院考古研究所.汉魏洛阳故城南郊礼制建筑遗址：1962—1992年发掘报告［M］.北京：文物出版社，2010.

［10］中国社会科学院考古研究所.隋唐洛阳城：1959—2001年考古发掘报告［M］.北京：文物出版社，2014.

［11］洛阳市文物考古研究院.洛阳明清建筑［M］.郑州：中州古籍出版社，2015.

［12］洛阳市文物工作队.洛阳王城广场东周墓［M］.北京：文物出版社，2009.

［13］洛阳市文物考古研究院.邙山陵墓群考古调查与勘测第一阶段考古报告［M］.北京：文物出版社，2018.

［14］中国社会科学院考古研究所.中国考古学・三国两晋南北朝卷［M］.北京：中国社会科学出版社，2018.

［15］宿白.中国石窟寺研究［M］.北京：生活・读书・新知三联书店，2019.

［16］龙门文物保管所，北京大学考古系.中国石窟・龙门石窟（第一卷）［M］.北京：文物出版社，1991.

［17］龙门文物保管所，北京大学考古系.中国石窟・龙门石窟（第二卷）［M］.北京：文物出版社，1992.

［18］千唐志斋管理所.千唐志斋［M］.北京：中国旅游出版社，1983.

［19］刘景龙，赵会军.偃师水泉石窟［M］.北京：文物出版社，2006.

［20］洛阳市文化局.洛阳市文物志·征求意见稿.1985.

［21］杨超杰.洛阳周围小石窟全录［M］.北京：外文出版社，2010.

［22］刘景龙，杨超杰.龙门石窟总录［M］.北京：中国大百科全书出版社，1999.

［23］李浩.八大重点城市规划·新中国成立初期的城市规划历史研究［M］.北京：中国建筑工业出版社，2019.

［24］关野贞，常盘大定.中国文化史迹［M］.李星明译.上海：上海辞书出版社，2017.

［25］赵汗青.《升仙太子碑》源流考［M］.河南：河南美术出版社，2022.

论文：

［1］段鹏琦，杜玉生，肖淮雁.河南巩县宋陵采石场调查记［J］.考古，1984（11）.

［2］徐殿魁，王竹林.唐恭陵实测纪要［J］.考古，1986（5）.

［3］赵振华，王竹林.东都唐陵研究［J］.古代文明（辑刊），2005（1）.

［4］严辉，张鸿亮，卢青峰，等.洛阳孟津朱仓东汉帝陵陵园遗址［J］.文物，2011（9）.

［5］史家珍，朱亮，严辉，等.洛阳孟津后沟玉冢调查勘探报告［J］.洛阳考古，2014（3）.

［6］史家珍，马胜利，马利强，等.洛阳偃师东汉洛南陵区2008年考古勘探简报［J］.洛阳考古，2015（2）.

［7］王璐.魏明帝曹睿高平陵的考古调查与初步研究［J］.黄河科技大学学报，2015，17（1）.

［8］王咸秋，严辉，吕劲松.河南洛阳市西朱村曹魏墓葬［J］.考古，2017（7）.

［9］吴业恒.河南伊川徐阳东周墓地西区2013—2015年发掘［J］.考古学报，2020（4）.

［10］胡瑞，高向楠，胡楠，等.河南伊川土门遗址新石器时代遗存发掘简报［J］.中原文物，2022（2）.

［11］李仰松，严文明.洛阳王湾遗址发掘简报［J］.考古，1961（4）.

［12］史家珍，顾雪军，李璇，等.河南栾川孙家洞旧石器遗址2012年发掘简报［J］.洛阳考古，2013（1）.

［13］王咸秋，吕劲松，严辉，等.河南新安县汉函谷关遗址2012—2013年考古调查与发掘［J］.考古，2014（11）.

［14］李德方.20年来洛阳地区石器时代考古主要收获［J］.洛阳考古，2020（1）.

［15］陈南南.河南宜阳韩都故城遗址2016年发掘简报［J］.华夏考古，2022（2）.

［16］温玉成.洛阳市偃师县水泉石窟调查［J］.文物，1990（3）.

［17］宫大中.龙门石窟的"卫星窟"——万佛山石窟［J］.中原文物，1993（4）.

［18］段天璟.龙山时代晚期嵩山以西地区遗存的性质——从王湾遗址第三期遗存谈起［J］.中原文物，2013（6）.

［19］王咸秋.邙山东汉五陵考［J］.考古与文物，2021（1）.

［20］王咸秋.汉函谷关遗址的考古发现和相关问题研究［D］.郑州大学，2016.

［21］桂平飞.豫西地区三线工业建筑遗产保护与再利用研究［D］.郑州大学，2021.

［22］蔡运章，蔡梦珂.洛阳都城考古百年收获［J］.洛阳考古，2021（4）.

［23］蔡运章，蔡梦珂.东周王城相关问题研究（上）［J］.洛阳考古，2021（1）.

［24］蔡运章，蔡梦珂.东周王城相关问题研究（下）［J］.洛阳考古，2021（2）.

［25］蔡运章，赵金昭，董延寿.河洛学导论［J］.河南科技大学学报（社会科学版），2009，27（1）.

［26］石自社.隋唐东都城的里坊空间试析［J］.南方文物，2020（3）.

［27］石自社.隋唐东都形制布局特点分析［J］.考古，2009（10）.

［28］石自社.隋唐东都武周天堂遗址试析［J］.南方文物，2021（3）.

［29］郭姣姣.洛阳东汉帝陵发现与研究学术史考察［D］.郑州大学，2018.

［30］朱思奇.豫西地区北朝中小型石窟研究［D］.兰州大学，2022.

［31］孙丽娟，吕军辉.宜阳五花寺塔形制与特征研究［J］.中原文物2018（4）.

后 记

"洛阳三月花如锦，多少工夫织得成。"耗时两年，华夏古迹图文保爱好者团队（以下简称"华古团队"）终于完成了《寻迹洛阳》的编著工作，将这部小书呈现在各位读者面前。

我是土生土长的洛阳人，对河洛大地有着深厚的感情。从小到大，我常常在洛阳的大街小巷中穿梭，试图为这座古老又现代的工业城市寻迹更多的城市记忆。从古代到现代，从城内到城外，我希望自己可以努力记录下这座城市的历史变迁。基于对于文物古迹的兴趣与保护古迹的使命感，2019 年，我加入了华古团队，担任洛阳地区领主。几年来，在"华夏古迹图"所有用户的共同努力下，平台洛阳地区的文保数据完善卓有成效，这为本书的编著奠定了基础。

2022 年，华古团队决定启动《寻迹洛阳》的编写工作，邀请我担任主编。编校团队由王勘先生、张晓光先生、杨彩女士和我等华古团队成员组成。全书分工如下：在撰稿阶段，"古遗址（含其他）""石窟寺及石刻"章节和知识链接由我撰稿，"古墓葬""古建筑"章节由王勘撰稿，"近现代重要史迹及代表性建筑""寻访路线规划"由张晓光和我共同撰稿。在涉及专业领域的部分，我们邀请了相关人士为文字内容把关。统稿选图阶段，全书统稿由我和杨彩共同负责，由我对全书文稿进行统一修改和润色。选图由杨彩和我共同负责。我们还特别邀请了访古爱好者田毅先生对本书的图片进行调整完善，《寻迹西安》主编王腾先生绘制了书中平面图，以及提供多张图片的拼图。

在编辑和审校过程中，我们得到了洛阳本地访古爱好者林赵成先生、清华大学古迹协会会长骆欢同学、洛阳晚报社编辑李喆老师、河南美术出版社编辑李东岳老师，以及以卞润梓、刘绍銮为代表的华古团队成员的帮助，不胜感激。

书中所使用的大部分图片是自华古平台和微信公众号征集而来。我们收到的照片数以万计，最终选用图片的作者多达 51 位，这充分体现了华古众创华夏文物古迹影像志的理念。除此之外，洛阳关公文化研究会关振民教授、洛阳本地访古爱好者林赵成、许琰琛、华古团队负责人邵世海、《寻迹北京》主编刘雷、王腾和我都对本书所需的部分图片进行了针对性的补拍。同时，还要特别感谢赵茜女士、星球研究所特约摄影师李琼、国家地理杂志优秀摄影师洛卡奇、微博知名历史博主黑敢、鸿慈永祐等特约供稿人。他们根据本书的需要进行了有针对性的供图，这大大丰富了本书的图片内容。对此，我们谨致以深深的谢意。

龙门石窟是洛阳的文化名片和重要象征。因此，本书封面选择以龙门石窟最具代表性的大卢舍那像龛主尊——卢舍那佛为主体，特别邀请了画家孙群萃老师进行手绘。封面"寻迹洛阳"四字集自洛阳最具代表性的字体之一——魏碑，文字来自位于龙门石窟古阳洞中的魏碑名品《始平公造像记》和《孙秋生造像记》。此外，前五章的开篇插图，我们循例邀请了毕业于南京艺术学院中国画系的刘莹莹女士进行手绘。刘女士分别以天子驾六车马坑、唐恭陵走狮、白马寺山门及石马、龙门石窟大卢舍那像龛北侧力士、中国第一拖拉机制造厂厂门为创作主体，并尝试用颜色进行渲染。

在本书的创作过程中，许许多多的师友都提供了无私帮助。感谢著名学者、洛阳历史遗迹保护的先锋与旗手叶鹏先生惠赐墨宝。叶老是"最完整的教师"，也是洛阳文人的一面旗帜。感谢中国先秦史学会顾问蔡运章先生在本书编写过程中给予的宝贵指导与大力支持。蔡老对本书的编写提出了一系列希望，并亲自审校全书，反馈了许多建议，使我们受益匪浅。此外，蔡老欣然提笔赐序，提纲挈领、简明扼要地阐述了洛阳的重要地位。感谢中国社会科学院考古研究所石自社先生赐序，并对本书给予指导。感谢曹森先生、王洋先生、史丽华女士（排名不分先后）等给予本书的大力帮助。感谢"华夏古迹图"使用者在洛阳地区留下的发现、反馈、足迹、评论。通过各位使用者在洛阳留下的印迹，我们了解到了社会大众需要什么，而我们又要在书中体现什么。感谢华古团队全体同仁对本书编纂工作的关心、帮助、支持。

必须说明的是，为了保证文字的可读性，在完成某些章节后，我曾请一些具有专业背景的朋友审读了这些章节，并吸收了大家的一系列建议。为了保证知识链接内容通俗易懂，我特别邀请了欧恺等不同年龄的小朋友对这一板块进行阅读。他们给了我许多来自孩子们的视角的反馈，使本书的可读性得到了进一步提高，在此一并致谢。

感谢陕西人民出版社对本书和"寻迹华夏"系列书籍出版的持续大力支持。在本书的沟通、撰写、出版过程中，陕西人民出版社的各位老师给予了编写团队最大的自由度。谢谢大家。

我还要特别感谢丛书策划兼本书副主编杨彩女士。本书编写期间，她虽然"多线开工"，但还是最关心《寻迹洛阳》的进展。她容忍了我缓慢的工作进度，忍受了我一改再改的写作风格，承担了本应由我承担的诸多工作。没有她的辛勤付出，就没有本书的顺利出版。

最后，感谢我的家人与朋友们。他们持续关注着编著工作的进度，并提供了许多有益的帮助。

"寻迹四大古都"系列作为"寻迹华夏"丛书中最先问世的四本，从南京起步，在洛阳落幕，一路走来，殊为不易。今后，希望华夏古迹图团队陆续推出更多著作，致力于"让收藏在博物馆里的文物、陈列在广阔大地上的遗产、书写在古籍里的文字都活起来"，为中国的文化遗产保护事业尽自己的一分力量。

　　现在，《寻迹洛阳》付梓在即，我的心中百感交集。一部著作，只有经过时间与读者的考验，才能被给予一个适当的评价。现在，我将这一评价的权力恭敬地交给亲爱的读者，请大家对我们的成果进行检验。这本著作还有许许多多的不足，恳请读者朋友们批评指正。

　　"玉楼金阙慵归去，且插梅花醉洛阳。"每个人的心中都有一个洛阳，愿您能在这本小书的帮助下，找到属于自己的那片"天下之中"。

　　著述艰辛，自知而已；千言万语，难述一二。寥寥数言，以为后记。

吃土君
甲辰上元于洛水畔

编纂团队

丛书策划　邵世海　杨　彩　王　腾

丛书编委会　邵世海　顾　晖　王　勘　王　腾　刘晓平　刘　雷　严加兰　徐　刚　李子千　张庆晓

顾　　问　蔡运章　张志民　毛阳光　王　恺　曹　淼

主　　编　吃土君

副 主 编　杨　彩　赵林安

编　　撰　吃土君　王　勘　张晓光

校　　对　吃土君　王　勘　骆　欢　张晓光　杨　彩　李　喆　卞润梓　刘绍鎏

图片提供（按图片提供数量先后排序）

吃土君　邵世海　关振民　王　腾　林赵成　筱溪听泉　孙鹏飞　刘　雷　王学宾　严　卫　许琰琛　黑　旼　李　琼　顾　军　高俊卿　贺兰鹣鹳　张晓光　王　骏　冯帅康　洛卡奇　唐时星光　赵天一　宋万雍　南阳任侠生　赵　茜　鸿慈永祜　ACOT 一杯茶　刘天霁　连周全　牧　夫　时　乔　亦慕凡　月漫青游　于　营　张建宇　卓　荦　阿　捞　查　杉　任　昱　田　毅　向立林　驺虞幡　坩埚蛋糕　荒海君　连　达　欣　风　夏广瑞　王　勘　袁登科　云巅晚照　竹山听雨

封面绘制　孙群萃

扉页题字　叶　鹏

内页插图　刘莹莹　王　腾

图片美化　田　毅　王　腾